藏扇事典

包铭新　著

東華大學出版社·上海

图书在版编目（CIP）数据

藏扇事典 / 包铭新著. —上海：东华大学出版社，2025. 6. — ISBN 978-7-5669-2001-0
Ⅰ. G262.7

中国国家版本馆CIP数据核字第202521BV62号

策划编辑：马文娟
责任编辑：高路路

藏扇事典

CANGSHAN SHIDIAN

著　　者：包铭新
出　　版：东华大学出版社（上海市延安西路1882号，200051）
网　　址：http://dhupress.dhu.edu.cn
天猫旗舰店：http://dhdx.tmall.com
营销中心：021-62193056　62373056　62379558
印　　刷：上海盛通时代印刷有限公司
开　　本：890 mm × 1240 mm　1/32　印张：10.625
字　　数：286千字
版　　次：2025年6月第1版
印　　次：2025年6月第1次印刷
书　　号：ISBN 978-7-5669-2001-0
定　　价：78元

目录

CONTENTS

1 清劲绝俗朱南雍 / 002
2 君子画竹周鼎辉 / 004
3 衡门蔬食袁叔言 / 006
4 西泠寓客张叔维 / 009
5 明人合书泥金扇 / 011
6 王玄度与天游仙掌 / 013
7 蓝瑛弟子冯仙湜 / 016
8 许友《竹木图》 / 018
9 吴芳《芦雁图》 / 020
10 庄同生墨濡出云烟 / 022
11 猗氏王含光 / 024
12 气息深醇沈约庵 / 026
13 诗人画扇张习孔 / 028
14 孙中象与张灿之书画成扇 / 031
15 沈荃的书法与诗 / 034
16 何采的词与书法 / 037
17 萧然出尘孙西灏 / 039
18 江都徐龄何许人 / 041
19 山中听雨戚逸髯 / 043
20 八旗画家赫奕 / 045
21 叶凤毛与屑金笺扇 / 047
22 气味近俚杨驴子 / 050
23 徜徉苏堤曹听山 / 054
24 潇洒平原陆道淮 / 058
25 饮酒薄醉张玉裁 / 062
26 快手张鹏翀 / 064
27 误入明代的张廷楫 / 065
28 秀老苍疏徐西涧 / 067
29 淡墨探花王文治 / 069
30 爱画工诗钱维乔 / 070
31 李秉德供奉内廷 / 073
32 钱泳书扇 / 076

33 恬淡旷适王学浩 / 078
34 渊雅静穆顾西楳 / 081
35 红茵馆主胡三桥 / 083
36 气味静穆张叔渊 / 086
37 海上名士瞿子冶 / 089
38 书生本色张祥河 / 091
39 莫瞻菉与姚元之师生情谊 / 093
40 赵之琛和顾洛的合作扇 / 096
41 吴楷画扇 / 098
42 汤贻汾一门风雅 / 100
43 但求逸品赵歗云 / 104
44 格景金团扇 / 108
45 朱昂之《扬子江即景》 / 110
46 朱昂之书画成扇 / 112
47 顾逵之谜 / 114
48 钱唐戴氏三代画扇 / 117
49 程庭鹭娄东翘楚 / 121
50 秦炳文与秦祖永 / 123
51 枯淡有神董枯匏 / 127
52 松陵画友沈棨森 / 129
53 荒江老屋管庭芬 / 131
54 彭瑞毓《江乡一角》 / 133
55 郑箕狂乎 / 135
56 不屑平庸沈竹宾 / 137
57 陶琳三扇 / 141
58 松下月明张士保 / 145
59 姿致妍雅陶绍源 / 149
60 潘遵祁抽身及早 / 151
61 缪麟书和华翼纶的成扇 / 155
62 莲溪凌霞的书画成扇 / 158
63 杨沂孙钱卿銖的金扇子 / 161
64 欧阳利见的书法与人品 / 163

65 汪鋆笔下的徐震甲 / 165
66 法备趣足沈振铭 / 167
67 吴儁写真得古法 / 168
68 陆潮刘枢书画扇 / 170
69 陈峦郭承勋书画成扇 / 172
70 李嘉福潘绍棻书画扇 / 174
71 张熊画扇 / 176
72 有癖可交的吴云 / 179
73 任熊好友姚复庄和周存伯 / 181
74 双目炯炯李葆恂 / 184
75 前海派画家之王礼 / 187
76 前海派画家之朱偁 / 191
77 周峻墨竹 / 195
78 陶炳吉仕女意态孤冷 / 197
79 赵之谦花卉扇面 / 198
80 任薰画扇 / 200
81 笔挟风雨蒲作英 / 204
82 胡公寿任伯年师友之交 / 208
83 任颐的两页花鸟金团扇 / 213
84 吴昌硕早年扇书 / 215
85 扇上高士图 / 218
86 杨柳桥和杨柳谷 / 221
87 吴滔山水成扇 / 223
88 寒松老人张鸣珂 / 226
89 吴石仙陆润庠书画扇 / 228
90 主审杨葛冤案的夏同善 / 230
91 鲁琪光书扇 / 232
92 金德鉴山水 / 234
93 林开謩姜筠书画成扇 / 236
94 冯文蔚张树荩书画成扇 / 238
95 曾纪泽画水彩 / 240
96 邓铁仙画扇 / 242

97 顾沄山水成扇 / 244
98 端方传奇 / 246
99 奇人王闿运 / 248
100 任预画扇 / 250
101 扇上临各帖 / 254
102 箧中最多数沙馥 / 256
103 能吏雅事 / 262
104 “差一口气”的舒浩 / 265
105 费念慈夫妇书画 / 270
106 倪墨耕的人品与画品 / 272
107 扇书与碑帖 / 275
108 书扇中的“四人联弹” / 278
109 汤世澍和童晏的花卉扇面 / 280
110 汪鸣銮何瓌书画成扇 / 284
111 谭延闿早年书法成扇 / 286
112 杨伯润山水 / 288
113 杨逸书画 / 293
114 高时丰书画与自成绢团扇 / 295
115 装裱扇页之新形式 / 298
116 聚头容易合欢少 / 301
117 纨扇美人和海上闺秀 / 304
118 粤绣团扇 / 306
119 外销扇 / 310
120 扇上“中国风” / 317
121 椎拓扇 / 320
122 遍觅佳品金便面 / 322

后记 / 322

1 清劲绝俗朱南雍

图1–1　朱南雍山水扇面

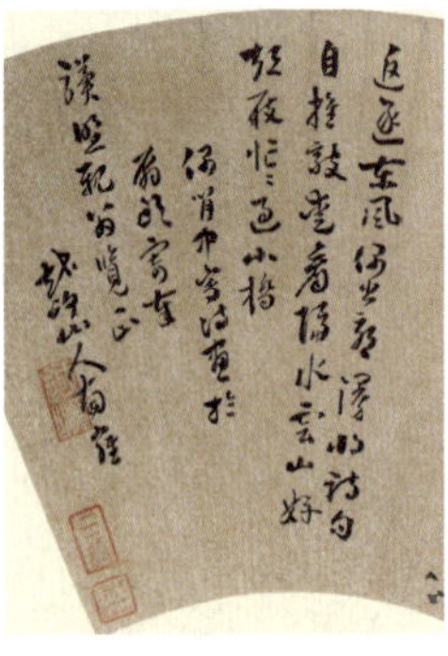

图1–2　款识

庚子新秋，偕三五好友自驾游太行，穿梭于晋豫群山之间。归途过吴门，入拍场以“疯狂的代价”（小友杨君语）竞得朱南雍山水扇面一，遂疲劳顿失，心生欢喜。

朱南雍生于嘉靖九年（1530），字子肃，号月峥，又号越峥，自署越峥山人。绍兴府山阴县人。隆庆二年（1568）中进士，知泰兴县。历任刑科给事中、礼科右给事中、工科左给事中、礼科都给事中。万历四年（1576）升任顺天府丞。万历六年（1578）转右通政提督誊黄。万历八年（1580）为太仆寺卿。后因东宫出阁，手玩南雍画扇，为讲官论罢。后又升顺天府尹，授议大夫。越峥能诗，工书法，画山水行笔清劲，气韵出尘。早年师沈周，后又取法倪瓒，并与徐渭交游。其生平事迹见《明画录》《越画见闻》《宋元以来画人姓氏录》《越中历代画人传》等。

我所得为一红金扇面，右侧三分之二画远山近岗，远山以淡墨湿笔出之，近景以浓重笔墨作树数株，渐远渐淡，作石岗小桥树丛，一老人曳杖行于其上。用笔肯定而绘景简洁概括。左侧三分之一题七绝一首并落款:“追逐东风偶出郊，漫将诗句自推敲。爱看隔水云山好，短屐忙忙过小桥。偶闲中写诗画于扇头，寄奉骥盟亲翁览正。越峥山人南雍。”钤白文“越峥”。诗为自作，与画相形得彰，书法为行草，跌宕多姿，已开晚明风气之先。此扇面画风颇似马夏，应脱胎于石田，去倪迂则远，或仅得一简字。扇面品相绝佳，几近全品。上有“陆士宝秘”等三枚鉴藏印，四百余年来全赖他们的用心持护。

朱南雍另有“乾坤一览”图卷存世。画后有叶恭绰跋:“南雍此卷笔力惊艳，但仍有士气，不然则流于旷野矣。据此以溯王仲山戴文进汇合北宗，当得渐悟。”说明朱南雍能汇合宋元南北，于吴门画派中可自树一帜，并不随波逐流。

劳继雄曾在上海博物馆见朱氏“行书七言诗轴”，署“越峥南雍”，记于其《中国古代书画实录》卷四页七十六，并有按语称“此字似文徵明，为大字。文徵明大字可能均出其手”。劳氏有幸多年追随中国书画鉴定之名师高手，饱览公私收藏之巨作珍品，然此言大谬。朱南雍进士出身，位居清贵，为人侃直，岂能与吴门末流中鸡鸣狗盗之辈合流?

此扇旧藏主人出沪上书画世家，一门风雅，由碧云楼主人之介，友情送拍。其箧中有明代红金扇面百余叶，吴四家之作俱全。他年长我八岁，精神矍铄，又是我指导的博士生某君之长辈。故相互引以为同道。此扇亦可视为友情转让。

此次吴门拍品多有隽雅可爱之物，然图录文案将越峥误作越峰，引得众多客户妄生捡漏之心。场上号牌彼落此起，竞叫之声不绝，觊觎之心不死，恼羞成怒之火顿生，遂从一千元起拍至十七万落槌。莫非另有高人深谙心理之学，指点拍卖行故作狡狯，出此“错误文案”之良策?一笑。

2 君子画竹周鼎辉

图2-1　周鼎辉墨竹扇面

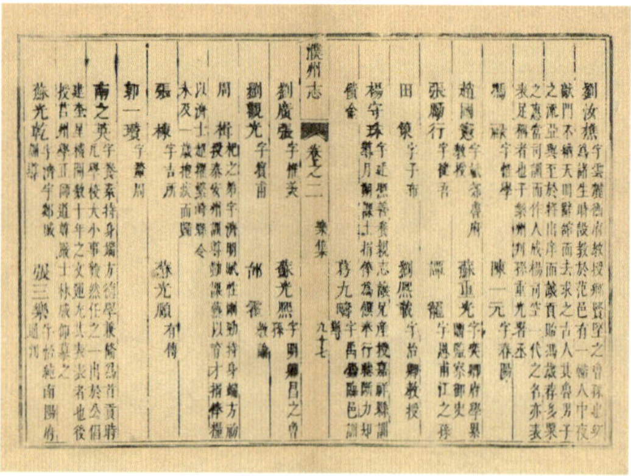

图2-2　《濮州志》选页

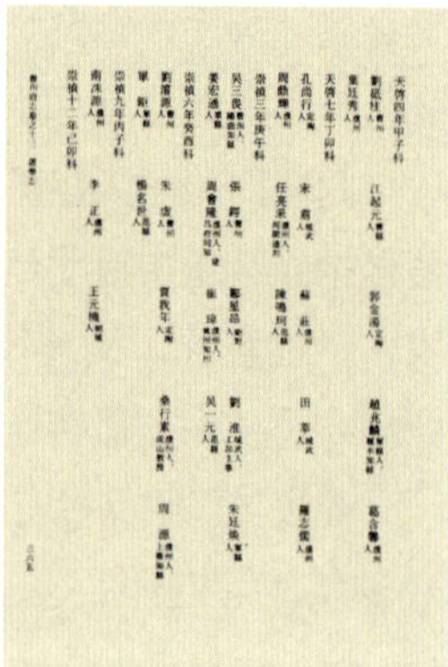

图2-3　《曹州府志》内页

曾于种芸山馆得一墨竹红金扇面，作者周鼎辉。

周氏各种画史不载。扇面仅绘墨竹三四枝迎风摇曳，甚疏秀。右下角有穷款“鼎辉”，钤两印，白文“周鼎辉印”，朱文“练生氏”。虽略有折损，不碍观赏。

种芸山馆主人发来此人之背景资料，俱得之于《濮州志》。卷之二乐集页八十八：“周鼎辉，楫之子，字练生，丁卯举人。资性明敏，举行端雅，父子兄弟之间称和睦焉。”同卷也有其父周楫的信息：“周楫，杞之弟，字济明。赋性刚劲，持身端方，初授泰安训导，勤课艺以育才，捐俸粮以济士。超擢繁峙县令，未及一岁，抱疾而归。”如果继续找，同卷还有周鼎辉大伯周杞的信息：“周杞，字汝器，宝鸡县县令。”并发来原始史料的图像。

由此可知周鼎辉为濮州人，古代行政划归于山东或河南，为士绅家族。父辈曾担任山西或陕西的县令。他自己于天启七年（1627）中举，为人处世遵循儒家之道。

濮州地处山东、河南两省之间，有水利之便，为鱼米之乡，同时又是四战之地，天灾人祸频繁。天启元年（1621），白莲教军队入濮州境。天启二年（1622），濮州大地震。崇祯十三年（1640），濮州大饥大疫，饥民蜂起。崇祯十四年（1641）春蝗灾夏流行疽病。崇祯十五年（1642），清兵攻陷濮州大掠而去。灾难频繁之时，周氏家族能以捐俸粮等善举以造福乡里，家人则读书绘画，为人楷模。

据种芸山馆主人见告，如今检索工具和技术发达，且有人专业收费从事此项工作。所以像周鼎辉这件扇面，绘画题跋和材料制作的风格指向十分明确，又获得一些作者信息，对收藏者而言是一件令人高兴的事。

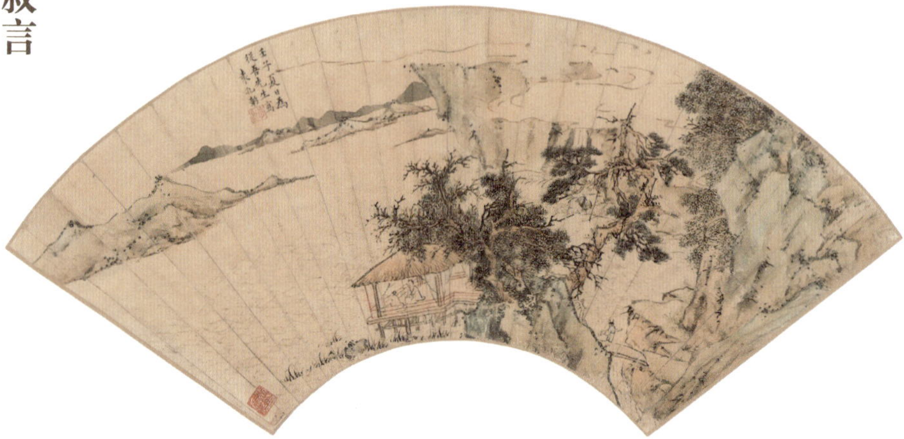

图3-1　袁孔彰山水扇面

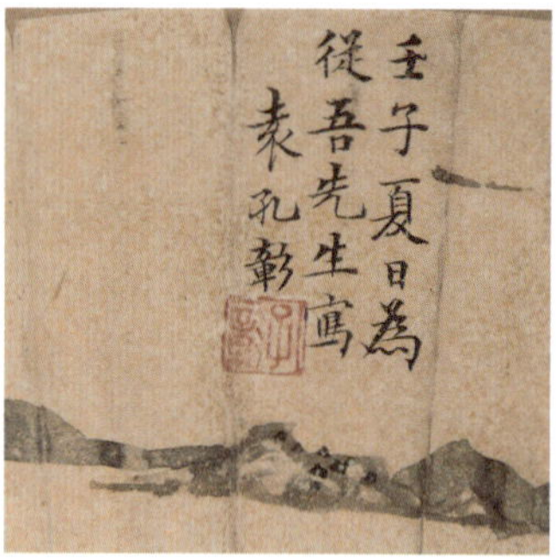

图3-2　款识

图3-3　扇面左下角的印

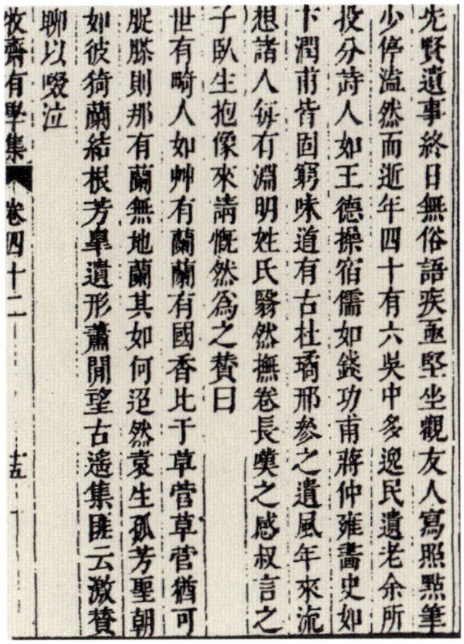
先賢遺事終日無俗語疾亟堅坐觀友人寫照點筆
少停溘然而逝年四十有六吳中多逸民遺老余所
投分詩人如王德操宿儒如錢功甫蔣仲雍畫史如
卞潤甫背固窮味道有古杜瓊邢參之遺風年來流
想諸人每有淵明姓氏翳然撫卷長嘆之感叔言之
子臥生抱像來請慨然爲之贊曰
世有畸人如艸有蘭蘭有國香比于草菅草菅猶可
脮膝則那有蘭無地蘭其如何迢然袁生孤芳聖朝
如彼猗蘭結根芳皋遺形蕭閒望古遙集匪云激贊
聊以啜泣
牧齋有學集 卷四十二 十五

图3–4 《牧斋有学集》选页

晚明画家袁孔彰很幸运地得到钱谦益为之作“袁叔言小影赞”，见《牧斋有学集》卷四十二：“袁孔彰，字孔昭，更字叔言，故仪部补之之曾孙也。年十五有尘外之思。学沈石田、文待诏画。妙得意象。衡门蔬食，以云山一角自娱……称道先贤遗事，终日无俗语。疾亟坚坐，观友人写照，点笔少停，溘然而逝，年四十有六。……叔言之子卧生，抱像来请，慨然为之赞曰：世有畸人如草有兰。兰有国香，比于草菅。草菅犹可，月足月茶则那。有兰无地，兰其如何。迢然袁生，孤芳圣朝。如彼猗兰，结根芳皋。遗形萧闲，望古遥集。匪云激赞，聊以啜泣。”袁孔彰以此名留画史，《无声诗史》《明画录》等俱引钱赞之辞，以为定论。

袁孔彰生卒年月不明。故宫博物院藏其仿唐六如山水册页，作于天启丙寅（1626）中秋既望；《石渠宝笈》卷十二记有他一幅着色画“野渡横舟图”署“己酉（1609）七月袁孔彰写”。以此推测，他应该是万历至崇祯年间人。考虑到他仅活了 45 年，并在 1609 年和 1626 年有纪年明确的作品存世，再假设他十九岁画 1609 年那件册页，则三十六岁画另一件着色画，他的生年就有可能是 1590 年即万历十八年，卒年为 1636 年即崇祯九年。

我藏有一叶他的金笺扇片，设色山水人物，署“壬子夏日为从吾先生写。袁孔彰”。款字为楷书。根据上面的推测，此壬子应该是 1612 年，亦即万历四十年。画面为近似文徵明细笔，称得上“精秀而用笔不苟”。左下白文“邓苍梧印”为澳门传研楼的收藏印。

由于袁孔彰善于仿古，所以有“吴人每请作赝本”的说法。劳继雄《中国古代书画鉴定实录》第 176 页记载，首都博物馆藏有一件落款袁尚统，钤“叔明”印的“赤壁图卷轴”，署“辛酉（天启元年，1621）”。按语为：“此图钤印真，袁尚统款系后加，应该是袁孔彰画”。但并没有任何考证和说明。我觉得袁孔彰为人淡泊，并非蝇营狗苟热心造假之人。只不过他风格为吴门一派且名气较小，多被人改款添款以谋利。

袁孔彰所交往多江南文人雅士，故钱牧斋亦为之撰赞。嘉德保利诸大拍卖行也陆续出现过一些他与张宏、关思、文从简、卞文瑜、刘原起、金俊明等合作的书画。

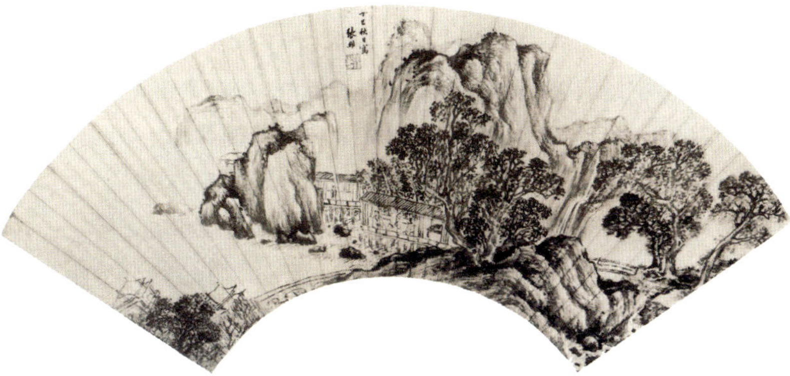

图4-1　张叔维山水扇面（1）

图4-2　张叔维山水扇面（2）

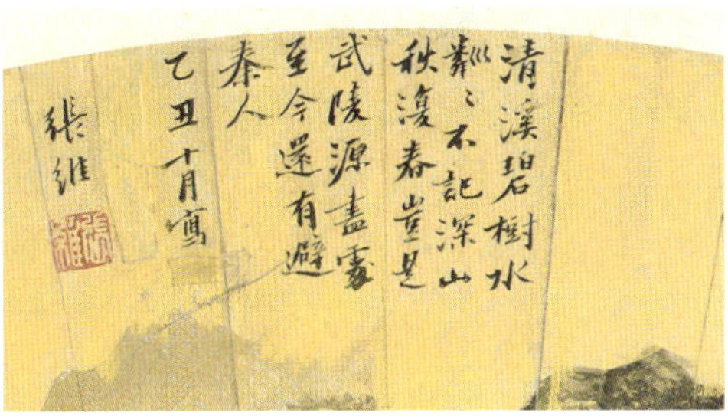

图4-3　款识

刘九庵的《宋元明清书画家传世作品年表》中还收录了一件“张维为子建作林风涧雪图于虎丘山楼”，作于天启元年（1621）。此件刘九庵见到时，存放于常州市文物商店。

我收了一叶署名张维的金笺山水扇面。或许有人会问，哪一个张维？《中国美术家人名辞典》收录了三个张维，撇开宋代的书法家公言张维，还有一个明代的、一个清代的，都善画山水。前者常熟人，字叔维，号西泠寓客，生于1581年，卒于1630年；后者顺天人，字四之，生卒年月不详。

查《中国古代书画图目》第八册第265页，刊有金笺扇面一叶题："丁巳秋日写，张维。"专家组定为明代张维真迹佳品，丁巳为1617年。当1983年谢辰生组织谢稚柳、启功等六位专家对全国进行大规模调查时，此扇面在天津市文物商店库房。图虽小且为黑白，但仍可看出与我所收出于一手。其实，我这叶扇面从风格气息和材质各方面看，都应归于明代。

我所收扇面题跋较长："清溪碧树水粼粼，不记深山秋复春。岂是武陵源尽处，至今还有避秦人。乙丑十月写…… 张维。"钤"张维"白文。跋中"写"字下被挖去数字，应为上款，疑为上款人后代所挖，此亦屡见。挖改处裱工尚好，不甚引人注目。此处乙丑为1625年，即天启五年。

张维生平主要见两处。一为徐沁所著《明画录》卷十，称其为："常熟人。诗才清逸，常居西湖，自号西泠寓客。画山水宗董北苑、吴仲圭、烟峦出没，澹宕入神。为人孤介，其索画者，非意合终不易得。"作者徐沁为崇祯诸生，明亡后隐居委羽山麓，以耳目见记于顺治康熙间成此书。

另《海虞画苑略》中的记载较细，且颇生动。称张维"少跳荡不羁，爱昵狎客。一旦折节，闭户饬修……奕然画苑。尤耽为诗，清新秀逸……平生寓迹，半在西湖，退则归于虎邱"。此书为鱼翼所著，其子元溥为书作续。鱼氏父子为康乾间人，喜书画，精鉴藏。上述两书对张维的记载还是比较可靠和完整的。

张维于此扇咫尺之地，画烟峦出没，树木坡石，屋宇人物，"澹宕入神"。我还是蛮喜欢的。此前一日，巴黎有拍卖行推出一件龚半千的"六一高踪"纸本扇面，极精而无款。发图请教何兮，何兮欢喜，一眼相中。然拍卖时我略有迟疑，失之交臂，何兮为之怅怅不乐。后一日得此示何兮，何兮淡然称"画得还可以"。

明人合书泥金扇

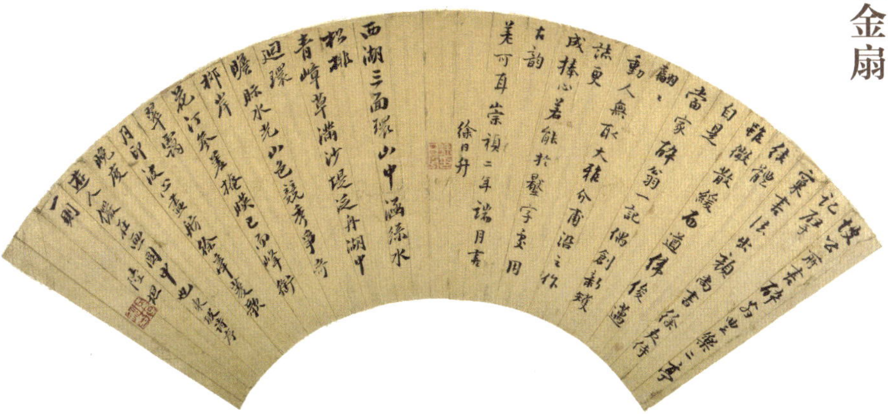

图5-1　合书泥金扇面

清代两人或多人合书一扇我过眼入藏过很多，而明人合书者我仅一叶。

徐日升，字如之，又字华祝，江阴人，为徐霞客族叔。天启乙丑（1625）三甲十三名进士，授福建漳州推官，在当地有惠政。其在任时，徐霞客曾几度入闽，三至漳州，并与徐日升的同年进士杨汝成、项昱、黄景昉及闵仲俨成为好友。

陆坦，字履常，一字庚除，嘉定人，崇祯二年（1629）入复社，崇祯三年（1630）举

此叶乃徐日升与陆坦两人合书之扇，两人俱作行书，无上款，泥金笺，徐日升录前人笔记一则，乃评东坡书法等北宋文人轶事，陆坦录东坡诗序一。

于乡，与郑敷教、杨廷枢、许光溥合称“吴门四孝廉”。他铨授南丰知县，不赴。后隐居邓尉山，有《庚除诗稿》，现不存。其传及诗文散见于《明遗民录》《明遗民诗》等多种文献。兹从《明诗综》卷 73 中引其“春夜雪”七绝一首：“春雨声声入梦阑，暗窗风动晓灯残。湿云厌竹鸟惊堕，起看空阶一片寒。”

两人合书一扇，其人生有无交集？可惜手头无资料可落实这点。此扇徐日升称于“崇祯二年端月书”，崇祯二年为 1629 年，端月为农历正月。是年，陆坦入复社，两人相识相往来在时间上没问题。徐日升江阴人，明代属常州府；陆坦嘉定人，属松江府。常州、松江又同属南直隶，同在苏松巡抚管辖（驻苏州）之下。因此，在空间上，两人相遇的几率也是很大的。从此页扇书的内容看，两人似都是苏东坡的粉丝，陆坦书法亦从东坡书体中化出，应该是意趣相投，宜为好友。

此二人墨迹留存至今者甚少。明叶广纸本《白描达摩像》上有周蕃、陆坦等十一人题跋（见《淇水翁荐事图录》）。叶广，巢县人，喜作鱼乐图；周蕃，字自根，长洲人，书画俱佳。

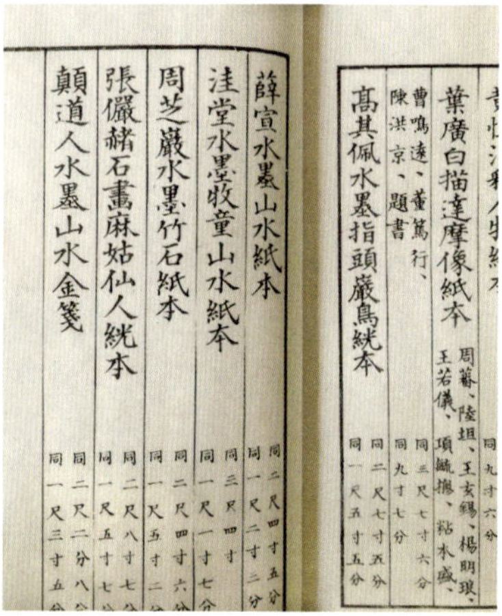

图5-2 《淇水翁荐事图录》选页

6 王玄度与天游仙掌

图6-1　王玄度山水扇面

庚子初秋，于吴门另得王玄度山水扇面一。扇为纸本，画武夷山天游仙掌实景，笔墨荒率生疏，构图别出心裁，乃戾家之作。上题："天游仙掌，当与渐江兄共之。弟玄度。"钤白文"王玄度印"，朱文"尊素"。左右下方各有"王克勤藏"及"寒木春花"二鉴藏印。王玄度诸画史所载寥寥，而散见资料不少，但多谬误。既与渐江相关，遂用心做了些功课，颇有所得。

王玄度字尊素（一说名尊素字玄度），又字符素，歙县王干人。生于万历三十年壬寅（1602），卒于顺治十三年丙申（1656）。工诗，著《轩辕阁诗集》，早佚。唯陈允衡伯玑《诗慰》收《王学人遗集选》一卷，得之于玄度同学友人吴道会。善画，曾与方式玉、渐江合作山水卷。龚贤将其归于天都派代表人物，其于一山水卷跋中称："孟阳开天都一派，至周生始气足力大，孟阳似云林，周生似石田，孟阳姓程，名嘉燧；周生姓李，名永昌。俱天都人。后来方式玉、王尊素、僧渐江……又皆学此二人者也。"

为了解王玄度的生平大概，我将所见相关材料略加排比，作王玄度之简略年表如下：

1602　万历三十年壬寅　王玄度生。

1617　万历四十五年丁巳　吴道会孟嘉生。

1639　崇祯十二年己卯　王玄度、许楚、方式玉游燕子矶，相与啸咏。

1645　弘光元年乙酉　王玄度、汪蛟、汪沐日先后入闽。

1646　隆武二年丙戌　王玄度与渐江、张蚩蚩在武夷山相互唱和。

1647　顺治四年丁亥　渐江与程蚀庵札称"尊素、蚩蚩时来啸咏"，王玄度离闽北返，渐江剃发为僧。

1648　顺治五年戊子　王玄度、洪琮同客芜湖。

1649　顺治六年己丑　王玄度客扬州，于平山堂看荷花，和龚半千韵："云水无消歇，平堤尚芰荷。棹歌随意往，鸟语不能多。山远迷秦望，天低近汨罗。老僧如旧燕，补屋又来过。"

1651　顺治八年辛卯　方式玉北上谒选，路经南京，渐江为补《持赠烟云合作卷》。同年腊八前一日，王玄度在扬州亦参加合作，补山水一段于渐江之后。

1654　顺治十一年甲午　方式玉卒。同年秋王玄度客南昌复游庐山。

1656　顺治十三年丙申　王玄度卒。

1661　顺治十八年辛丑　中秋陈允衡伯玑与渐江、谈允谦同登杭州湖阁期月。

王玄度少年放浪诗酒，晚知问道参禅，礼山翁大师于歙县净慧院。他状貌奇伟，喜任侠，儒书外兼通佛道二氏。谈笑间滔滔不绝，人莫测其涯际。才致豪爽，提笔千言，其生平所为诗当数千，惜存世不多。在此再引两首与我所得扇面相关连者。其一为:“程非二怀予诗见寄，因和原韵奉答，兼忆张蚩蚩，江鸥盟。”此处程非二为王玄度和渐江的好朋友，江鸥盟即渐江出家前所用姓和字。“贪云锢石老僧顽，悔逐乌衣故垒还。斗笠已辞天女供，破囊难买道林山。临风觅句秋劳梦，揽月书怀夜废闻。独有武夷双白鹤，相思略不阻河间。”此诗正是描述渐江、王玄度、张蚩蚩、啸咏于天游仙掌之间的情状。其二为“别天游仙掌三阅月矣，玉如强我图之，笔有神助”“天游石壁玉无暇，照映澄潭六曲洼。仙掌排云应唤我，饥来还汝旧胡麻”。此诗记录了方式玉在王玄度武夷山归来三个月后要求王玄度画天游仙掌之事。说的虽然不一定是我这页扇画，但足可作此扇之注脚。

有资料（徐珂《清稗类钞》）称王玄度曾“主江都福缘寺”，恐不确。又《东台县茅山志》称，雍正二年十方施主恭请玄度主持茅山景德禅寺。此为济生大和尚。他亦号玄度，但与王尊素无涉。王尊素一生并未剃度，参禅问道乃在家修行为进德求精敏，故当时人亦称之为“王学人”，正如弘仁之为“渐江学人”。

《王学人遗集选》有澄怀阁顺治年间刻本，北大图书馆藏，网上有售影印本。此本除王玄度诗中可用信息不少，吴序陈跋中也蕴含相关信息，且较可靠。此外，汪世清等编著《渐江资料集（1984 修订本）》中可供钩索的材料亦多。

7

蓝瑛弟子冯仙湜

图7–1　冯仙湜山水扇面

在沪上一家资格颇老、名声也不错的拍卖行预展上，我见到一张冯仙湜的山水扇片。雨金笺，甚密，色甚暖，应可算是红金扇面。画面上，远山映衬下有巨石丛树，树隙隐约现楼宇，连廊桥逶迤至江边亭屋数间，屋角有苇草片片，与对岸草丛一抹相呼应。右上方题：“仿吴仲圭为山翁老先生教，仙湜。”钤朱文小印“冯湜”。其从各方面看都是一件明末清初的佳作。但依拍卖行的介绍，似乎冯氏生活年代可以晚至雍正甚至乾隆。这也是郭味蕖、俞剑华、刘九庵和谢巍等中国美术史研究者看法。

黄涌泉在《吴宏、冯仙湜等八家合作“冈陵祝寿图”轴试析》(《东南文化》，1989）一文中较早提出有力证据以质疑上述观点。2017 年 10

月12日，在浙江省博物馆举办的“蓝瑛研讨系列之五：蓝瑛弟子冯仙湜三题”会上，提出了以下观点：

> 1. 冯氏生于明末，卒于康熙中期之前；
>
> 2. 冯于康熙初年曾为宫廷供奉，并于京师筑借绿草堂；
>
> 3. 同时冯师从蓝瑛，并曾请蓝瑛到访借绿草堂；
>
> 4.《图绘宝鉴》借绿草堂本为诸版本之宗，而《图绘宝鉴续纂》最初作者即是冯仙湜。

在此我也提一个显而易见的证据。周亮工《读画录》最早刊于周亮工逝世前不久，即康熙十二年（1673）。书中周亮工将冯仙湜列于无传记画家之末。周亮工此书“以传记体记载明万历以来至康熙初所交游之画家生平梗概，或记其遗事轶闻，或述与其交情，后论其画笔墨特色……立传者自李晔至章穀，凡七十六人，后附有名无传者自王时敏至冯湜，凡六十九人”。周亮工择人严谨，入载仅一百四十余人。这说明了冯仙湜在康熙初年已立足画坛，进入周亮工之视野。

1984年6月8日，劳继雄陪同谢稚柳等在故宫博物院见到一件冯湜的设色山水图卷，劳的笔记上有“此为蓝瑛大弟子，风格与蓝瑛极为相似”的记载，并称此图作于康熙六十年（1721）辛丑夏五。按照黄涌泉的观点，则应该是顺治十八年（1661）。

在下决心入藏此扇面之前，还曾特地发图征询好友何兮的意见，得到了他的肯定。

8 许友《竹木图》

图8-1　许友竹木扇面

此件扇面乃旧裱对折式册页之一。干干净净无毫发损。扇面右下角和裱头左右角有收藏及过目小印。

2018 年夏，嘉兴友人告知苏州有人欲出让两件明人金笺扇面，一山水一竹木，并发来了图像。从图像看，两件的气息都不错，于是请这位朋友替我去苏州跑一趟。

我朋友从苏州发来更多的高清图，并报了价。价格不便宜，两张价格相同，且为一口价。仔细看图，觉得那张山水画得很满，中规中矩，并没有让我动心。另一张画面左方几乎空白，右半面画了一树一石，石前石后有竹数丛，左上题“竹木图”三字，落款“瓯香道士许友”，钤朱文小印“有介”。寥寥数笔能生虚实远近之境，姿态横生，气韵生动，令我一见心喜。何兮曾对我说，好画应该使人激动。此叶庶几近之。当机立断选了第二件入藏。喜悦之情也许并不输于当时某豪客一掷若干亿拍下北宋大家剧迹。

许友初名宰，又名采，又作友眉。字有介，号瓯香。福建侯官人，明崇祯间举人，入清不仕。工草书，工诗，善画枯木竹石，时称三绝。书初摹米芾，晚镕铸诸家，一以己意行之。《吉安室书录》引《秋竹斋杂录》，称其“字多狂草而真意涌现，视张二水王孟津有过之而无不及”，给予非常高的评价。尝作“群鸦话寒图”，周亮工为之题长歌。许友著有《米友堂诗集》行世，钱谦益曾录其诗于《吾炙集》中，王士祯和朱彝尊亦赏之。《清画家诗史》收其诗二。一题“作画”：“灵谷官梅放未曾，石头怀古不堪登。无端缚就松针笔，画出青山是孝陵。”

后世珍视其书画。秦祖永《桐阴论画》将其画列为“逸品”，有如下记载：“余见其绢本小幅，墨竹三竿，布叶浓淡，气势郁勃。极离奇苍浑之致。所画枯木寒鸦，苍凉之态，不可把视”。又说他“以画寄意，非到神化之境不能臻此”。李葆恂称其书法“颓然天放无世俗气。日本人最重其迹。以饼金购其片楮，珍为奇玩云”。

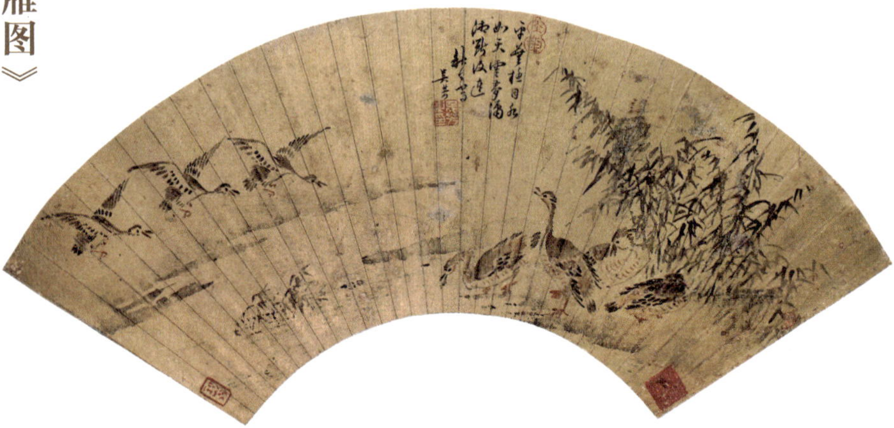

图9-1　吴芳芦雁扇面

也是由嘉兴友人中介，从外地某藏家手中获吴芳《芦雁图》，价不廉仍称中允。

吴芳为明末人，以诗词名世。陈去病《笠澤词征》有小传：“吴芳字若英。铨部昌时女，贡生祖锡妹，适秀水徐然，然字抚辰。素以诗文名世。”去病按：“若英伯父昌期居嘉兴，富而无子，以祖锡为嗣，故铨部遂移家焉，称鸳湖主人。”

《嘉兴历代人物考略》亦称吴芳为诗人，并称《携李诗系》和《全明词》收录了她的作品。

其父“铨部昌时”乃吴昌时（？—1643），字来之，秀水人。天启四年（1624）与张来、杨廷枢、杨彝、顾梦麟、朱隗等组织复社。崇祯七年（1634）中进士。崇祯十六年（1643）被处死。他可算是明末乱世中一位遭遇奇特之人。

陈氏《笠澤词征》录吴芳词二首。

其一《丁香结·为未婚顾烈女作》：

“兰拂清芳，菊垂素影，那容蝶蜂轻逗。待妆台攀折。绣帘永伴，任凄清相守。不堪人去也，花容杳、镜鸾虚负。含芳敛艳，更教甚日，重撚玉手。

难又。看袅袅娇枝，休拟彩丝牵袖。柳絮沾风，墙花笑路，从教甘受。

谁识香心有主，怎许怜清瘦。拼宵来憔悴，敢惜尘埋罂缶。”

其二《阮郎归·寄远》：

“东风吹就雨廉纤。慵将针线拈。暗愁多半上眉尖，残灯和泪添。罗帐冷，髻鬟偏。无言且独眠。欲凭清梦到君边，谁知梦也悭。”

这首《阮郎归·寄远》还曾改为一绝：“东风吹就雨廉纤，残夜无言且独眠。翠髻未偏罗帐冷，欲凭清梦到君边。”

此扇红金，略疲。上作芦畔水边七雁，或栖或翔。上题：“平芜极目水如天，云梦潇湘断复连。秋日写。”迎首朱文葫芦印“冰玉”，白文“吴芳之印”。

此扇面之题材、构图、笔墨和气息与福建女子林雪于顺治二年（1645）所作“芦雁图”成扇颇相近，见扬州博物馆编的《明清书画集萃》第60页（上海书画出版社，2006年9月）。

10

庄同生墨濡出云烟

图10-1　庄同生山水扇面

图10-2　扇面局部

庄同生（1627—1679）

一作同生，字玉骢，号澹庵，武进人。

庄同生，顺治四年（1647）进士，仕至右庶子兼侍读，工诗文，著有《澹庵集》。善书画。张庚称其山水小景荒率有笔趣。张浦山此言不确。庄同生岂仅能作小品，他曾于宏文院画壁，清世祖见而称善。中国历史博物馆和山东省博物馆俱藏有其所作山水图轴，尺寸不小，画得甚精。特别是首都博物馆所藏“晴翁张老先生”上款之山水轴，谢稚柳赞之曰：“难得这样精工（劳继雄记录）。”谢老用“难得”二字，只怕也是受了《国朝画征录》所称“荒率”之影响。

庚子秋于朵云轩得庄同生金笺山水扇面一。画面有远山数层，左起有一水从中出，逶迤至前方，而临水有茂树成林，树丛中隐现茅屋数间。全用中锋湿笔，并无皴擦而以浓淡疏密分远近，简洁有致，亦不能以荒率两字以当之。故世称其画如墨濡素练，便出云烟。

题曰：“迹羁武昌，滛而连夕。因写似呈东翁白年伯笑灿，同生。”钤朱文“同生之印”。庄氏早年落款多正楷，中年后多行草。庄同生题款善用“笑”字。此处“笑灿”，期待受者粲然一笑。首都博物馆绢本墨笔山水轴用“笑正”；山东省博物馆作于顺治九年壬辰（1652）之绫本“岩壑结屋图”轴则用“捧腹一笑”。较诸安徽省博之康熙元年壬寅（1662）的“秋雨初晴”金笺扇面，似年份更早。书画俱于洒脱中不失规矩。

此扇品相很好，乃清代旧裱，云鹤纹暗花绫样式颇有古意，虽有水渍，未及画心，毋须重裱。裱边有陶祖光题：“澹庵宫詹为顺治间进士，以画名于时，而传世绝少。余近得此扇于京师，适秉汉东省度岁，因其先贤遗泽见之狂喜，遂以为赠。戊午（1858）除夕祖光记于夷门赁庑。”钤“陶祖光印”。此则收藏故事已过去百年有余，从中可见前辈藏家之风度。扇面上有“承平眼缘”（朱文）一印，裱头上则另有“石谿庄鹏眼福”朱文长方印。古人得见此扇页视之为眼缘眼福，我今得以收入箧中长相厮伴，不亦快哉。

11

猗氏王含光

图11-1　王含光山水扇面

王含光有画弟子张积素，蒲州人，格韵颇高，见《蒲州府志》。2015 年，邦瀚斯拍卖会曾以近 40 万港币拍出其一件山水。

古代山西有猗氏县，初置于西汉，属河东郡，明属蒲州，清雍正六年（1728）属蒲州府。我有一叶山水红金扇面，为猗氏王含光所作。《图绘宝鉴续纂》《国朝画征录》《清画家诗史》《蒲州府志》（周景柱等编修乾隆十九年有刻本）有他作为画家的记载。王含光，崇祯四年辛未（1631）进士。祖珍吾、父春桢俱为进士。入清后荐授员外，官河南按察使。善山

王含光（1606—1681）
字表朴，号似鹤，自署鹤道人。

水，笔墨简浑，烟云流润，脱略冠冕，寓兴笔墨，多用湿笔，极少干皴，书仿晋人。工诗，尤长七言近体，有《谷口集》传世。

《中国古代书画图目》（册九·页252）载天津艺术博物馆藏王含光《云水芳亭图》轴，绫本水墨，康熙三年甲辰（1664）作于城隅草堂。山西博物馆亦藏有一幅他的“仿石田法”山水，作于丁未年（1667）菊月。寒舍所存那叶扇片作于壬子（1672），亦作于城隅草堂。品相略逊，然裱工甚精，故画之精神不减。背面有旧藏主人墨笔题识，有“……本朝官至参政”等语，故疑为清代旧裱。而其中“山水脱略冠冕”应摘自《图绘宝鉴续纂》。题于“癸未初春”，则或为道光三年（1823），或为光绪九年（1883）。

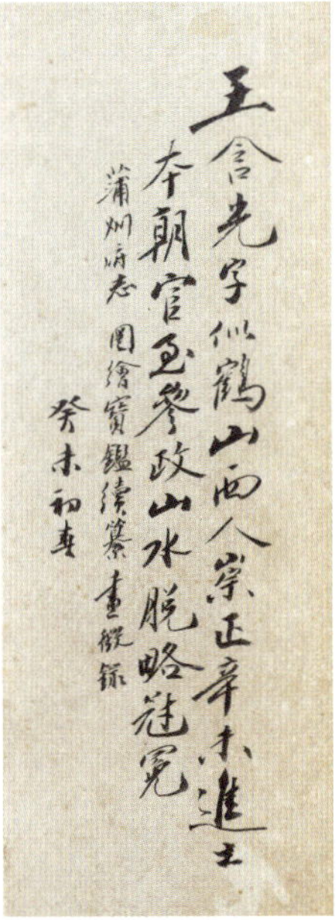

图11–2　旧藏主人墨笔题识

出人意料的是，张积素和王含光受到高居翰的关注，在他的《山外山——晚明绘画》一书中，他颇用了一些篇幅，并指出，张积素仿王维的《辋川图》卷，乃是他老师王含光从朋友处借来的。

王含光与阴太峰（润）和阎古古（尔梅）交好，为诗友，相互唱和之作甚多。阎古古为沛县人，工诗长于七律，熔铸史事最工。明亡后，他奔走国事，祸将及而因顾横波之援而得免。他亦曾化名翁藏若而避居于王含光之似园。己亥（1659）春初阎氏访王含光于似园，王含光有诗记其事：“有客春寒江上行，须眉岳岳絮巾轻。忘年结社逢张镒，重岁为期见巨卿。满担烟霞青玉冷，一壶冰雪紫芝生。何期竟夜联床话，曙自虚窗啭好莺。”

王含光颇受家乡人民景仰。山西临猗县（1954年由猗氏、临顿合并而成）有“王含光文化研究会”“含光画院”等诸多机构，近年来有不少相关研究成果发表，如王含光的生卒年月之确定，并受到学术界的肯定。

12 气息深醇沈约庵

图12–1　沈治山水扇面

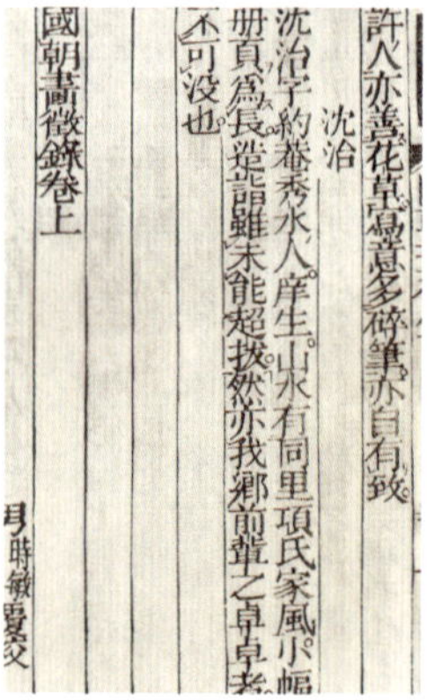

許人亦善花草寫意多碎筆亦自有致
沈治
沈治字約菴秀水人庠生山水有同里項氏家風小幅
册頁爲長造詣雖未能超拔然亦我鄉前輩之卓卓者
不可没也

國朝畫徵錄卷上

图12–2　《国朝画征录》选页

明末清初画家沈治的生平资料主要见于张庚的《国朝画征录》，一共只有寥寥不到五十字：“沈治，字约庵，秀水人，庠生。山水有同里项氏家风。小幅册页为长。造诣虽未能超拔，然亦我乡前辈之卓卓者。不可没也。”他生于1618年，即万历四十六年，时在戊午。上海博物馆藏有其一件“长林丰草图”纸本水墨手卷，署称时在戊午（康熙十七年，1678），年六十有一，其生年即由此推算而得。此手卷十分精彩，因为他“病目新愈，豁然开朗”，心情大好，下笔如有神。南京博物院也收有其山水册页七开，署年“丁丑（康熙三十六年，1697）菊秋，时年八十”，也可印证上说。另外，故宫博物院藏其山水手卷，作于“癸丑（康熙十二年，1673）暮春”，风格近似项圣谟；广东省博物馆藏有一件仿吴仲圭“重山远岫图卷”，作于“已卯年（康熙三十八年，1696）春仲”。从上述存世品看，沈治不仅仅“长于小幅册页”。

我有一件他的纸本水墨山水扇面，署称“砚老录唐有楚江巫峡一联，遂为补图，似初炳道兄粲正，约庵记”。钤“沈”朱“治”白连珠小印。另左侧有朱文“秋鹤鉴藏”长方印一枚。沈治作品大多作于康熙前期和中期。此叶笔墨松秀，枯湿并见，风格清新，或为其中年之作。此扇品相甚佳，应出于收藏旧家。

沈治能诗。《清画家诗史》收其题画诗一首：

徵士东篱能几家，烂然夺目过春花。
名贤此日情何限，胜赏当年兴独赊。
赓就奚囊俱白雪，岁逢甲子再光华。
那知代谢悲人事，散聚浑同树杪鸦。

此诗之自注中还记录了一段收藏轶事——“明计汝和墨香秋兴卷”，画为其同年友许廷冕作。卷中有野菊花数枝，杂以飞白竹，生峻岭惊涛间。原有姚公绶题诗，吕九柏奉常崽、沈石田先生周数十人和之。“名贤倡和在弘治（作者注：此处应为万历）戊子（1588），至顺治戊子（1648）图为九柏之孙天遗所得。今天遗亦殁，卷又归予。”诗中“岁逢甲子再光华”即指此画卷于万历戊子画成题毕，至顺治戊子归于作者，正好六十年一个甲子。弘治无戊子，而柏天遗得此卷后不足一年即殁，卷归于沈治。

13

诗人画扇张习孔

图13–1　张习孔山水扇面

新得一叶红金扇面，乃明末清初诗人张习孔所作山水。

张习孔，顺治五年（1648）进士，官至刑部侍郎，山东提学佥事。他无心仕途，秩满即归隐山林，此后数十年致力于诗词古文，著作颇丰，被誉为隐士、学者和诗人。我则颇喜其诗，更愿意把他视作诗人。

他的早期诗作以编入《使蜀纪事》中者为代表。其他绝大多数见其《诒清堂集》。他的诗以山水诗为多，少议论而多写景抒情，画

张习孔（1614—？）
字念难，号黄岳，歙县南蒋村人。

面感极强。他诗宗韩愈，但自己的特点很鲜明，在清代诗坛能占一席之地。

阮元《淮海英灵集》录其《夜泊虎丘闻笛》：

> “小饮山塘酒，悬灯櫂更移。水亭吹笛处，霜月泊船时。隔浦渔烟合，还家客梦迟。西风吹不断，竟夕起相思。”

郑庆祜《扬州休园志》中也收录了他《休园赏梅》和《休园赏桂》各一首。兹录数首我喜欢的如下。

北邙山

弥望千墩错，凄哉古北邙。
暗声穿杂草，酸照下疏阳。
白骨豪华尽，青山岁月长。
野童都不晓，高唱暮驱羊。

邗江北上舟中四首

之一

一叶随风去，鳞鳞蹴素波。
月帆清吹远，孤櫓夕阳多。
岍柳白初泛，汀花红正酡。
渔舟小儿女，呜哑自成歌。”

之三

一碧春深后，冥迷入望遥。
隔堤鹃独诉，拂水燕双邀。
艋系芦边杙，帘悬柳外桥。
垂纶间学钓，举手得鲜鲦。

回汉中

汉水依然绿，东回喜复过。
岸芦春戢戢，村树午罗罗。
馌女筐归菌，耕夫钟寄蓑
田家风日好，为忆故山阿。

舟过天门山

天门相对片帆归，岸苇春深万绿肥。
小雨乍收江色净，一双新燕贴波飞。

他的好诗引不胜引，诗中意象生动，是典型的画家诗，诗中有画。但是，没有记载说他能绘画，他自己也从没有提起过。虽然，他有句如“泼墨成山峙，弹琴学水流”，可以说明他至少具备画家的感觉。为他《诒清堂集》作序的周亮工就是一位优秀的画家。他们俩虽未谋面，然周亮工读了张习孔的诗文后，表示“独恨不及一望眉宇”。其余如友人吴伟业，施闰章和许楚，都是喜爱书画艺术的人。

此叶山水扇面上题“夏窗为成岩年盟兄设。习孔”。钤印“念难”。此处“设”作“施陈”解（《说文》）。设用于指称作画偶见于明末清初。上海古籍书店曾藏一件周禧绢本梅雀图轴真迹，署“江上女子周禧设”。画面荡漾着晚明气息。虽生拙，但胜甜熟，有其可爱处，正是董其昌所谓的戾家之作也。

记得很多年前，初见翁同龢所作山水，讶其稚拙如初学者，又疑其为赝。有识者告之曰：“此文人画，你不懂文人画还敢玩收藏！”经过友人凌君的指点，应该说现在对于文人画我也略知皮毛了。因此，我喜欢张习孔。但是我还是不大喜欢翁同龢的画。

14

孙中象与张灿之书画成扇

图14–1　孙中象与张灿之书画成扇

孙中象，顺治十一年甲午（1654）举人。长兄孙中麟，顺治乙未（1655）进士。兄弟俱工诗。孙中象于丁未（1667）被放，遂出居庸关，遨游塞上，多感遇不平之作，未几病卒。由此可推断孙氏乃明末至康熙初年之人。又因为此扇书画上款为同一人“玉翁”，可知张灿与孙中象为同时代人，且张灿题中之丁酉为顺治十四年，即1657年。

孙中象
字易公，号莲溪，桐城人。

庚子秋冬于朵云轩网拍竞此扇。竞叫的过程很长很艰难。委托代拍者的仔细加专注，再加一点运气，方才得手。我之收藏以1911年之前的书画成扇为主要目标。以一介书生之力搜求三十余年，箧中折扇仅百件左右。其中大半属同治光绪时期，道咸者未逾二十件。此件我认定在清初，年份早于我所得之全部成扇，所以志在必得。

此扇两面金笺，十八档素竹股。一面楷书，乃孙中象书自作祝长辈寿七律二首：

其一：

三台星并老人傍，郁郁琪林复女墙。
摩诘只携棋作伴，渊明聊寄酒为狂。
紫芝应号商山叟，白社堪成刺史堂。
试问蓬瀛天上客，海田曾见几株桑。

其二：

先生七十秣陵居，十载渔竿有镜湖。
老去衣冠犹汉代，闲来诗卷在吴趋。
蓝田何处耕瑶草，绛雪经年满玉壶。
函谷图成惭未献，遥瞻北斗重踌躇。

"俚言恭祝玉翁老祖岳并求郢政，孙婿孙中象拜草。"

钤朱文"易公氏"，白文"中象"。

另面墨笔山水，题"丁酉夏日写似玉及社盟翁博正。张灿"。钤朱文"张灿"，白文"昉若"。书画俱佳，品相亦尚可以把玩。

查史籍可得三个相关的张灿。一为《滦志》记滦南人张灿，字东村，号启明，咸丰光绪年间人，邑廪生。曾任八旗官学汉教习，能画山水。2018年瀚海春拍曾有一件他的《十石图手卷》。与此扇风格迥异。另一为《惠安县志》及《皇清书史》引《福建通志》载惠安人张灿"字伯中，书法摹黄庭经"。与此扇画者亦非一人。陈邦彦辑《御定历代题

图14–2　孙中象题诗

画诗类》收录明代张灿之诗多首。此张灿才应该是扇画作者。张灿题中称上款人为“玉及社盟兄翁”，是明末清初人口吻。《诗类》中有张灿“韩世忠湖上骑驴图”一首：“神州谁复旧山河，散尽熊貔事讲和。驴背看来犹矍铄，朝廷谁说召廉颇。”诗中亦有遗民之情绪。

另外，从张灿、孙中象两人对玉翁之称呼（孙称玉翁为“老祖岳”），也可推测张要年长于孙。

孙中象的诗作在清代诗坛还是有一定的地位的。他的《栖月堂诗集》(一作《楼月堂诗集》) 有“凡十数卷”，诗的数量应该也不少。《栖月堂诗集》虽不可见，但潘江辑《龙眠风雅》初编卷五十五收其诗七十九首（赖小友孙晨阳博士之助，得全部影印）。另徐璈辑录的《桐旧集》收其诗十三首；徐世昌《晚晴簃诗汇》(退耕堂本）卷二十七收其诗一首。兹录其《至白门喜晤周栎园（亮工）先生》：“短衣才到白门居，未许先生赋遂初。盘错不教诗兴减，饥寒顿觉宦情殊。梁间燕喜方归客，架上虫残未读书。镇日故人来慰语，齑盐风味近何如。”

收藏若想要夸示于人，则天外有天；若仅为自娱，则冷暖自知。

15 沈荃的书法与诗

图15-1　沈荃题诗扇面

沈荃的书法可说是名满天下。允称独步，为官亦体恤爱民，正直清廉。他的诗文修养如何呢？史称他的诗作“独会心于高岑王孟”，“春容安雅，盛世之音，沨沨如也”。我原先以为此或为溢美之词。

顺治九年（1652）探花，授编修，累官詹事府詹事，侍读学士，礼部侍郎。工书，宗米、董两家，深得董其昌神韵，又略参米芾险绝之结构体势。他是康熙的书法老师，常被召至内廷，赐座论书。“凡御制碑版及殿廷屏幛

沈荃（1624—1684）

字贞蕤，号绎堂，又号充斋，华亭人。

御座箴铭，辄命书之。”方苞《望溪集外文》称：“每侍圣祖书，下笔即指其弊，兼析其由，圣祖深嘉其忠益。”《清史稿》卷二百六十六列传五十三记载了康熙对沈荃的评价：“朕初学书，宗敬之父荃实侍，屡指陈得失。至今每作书，未尝不思荃之勤也。”宗敬是沈荃的儿子，康熙廿七年（1688）中进士，以编修入直，康熙命其作书时，对当时在场的大学士李光地说了上面这段话。我一直认为清代诸帝的书法，以康熙为第一，这与沈荃的指点分不开。康熙对书法的审美趣味，左右了清代前期和中期的书坛主流，这也可视作沈荃的影响。当时沈荃也因此与赵孟頫和董其昌一起成为书坛的楷模。

我有一叶沈荃行书自作诗扇面，诗曰：

天书朝捧出彤廷，昨夜西江动使星。
一叶乍飞千里塞，双旌遥指百花亭。
丰城宝识干将气，湘浦诗传帝子灵。
知尔抡才多逸兴，月明高咏倚秋屏。

他的字确实当得起“清劲秀雅自具风神”八字，但诗似带些馆阁气。

我又查了一下《中国古代书画图目》。此书收录了十数件沈荃书法作品，其中大多数为临仿碑帖之作品，如颜真卿《争坐位帖》和《送刘太冲序》，米海岳《丹徒帖》，褚遂良《枯树赋》和王右军《游目帖》等等。有少数书写自作诗的作品，也多以祝寿等应酬为主题。所以我对沈荃诗作水平有了一个错误的判断。偶然想起家中书架上有邓之诚编的《清诗纪事初编》上下两册，果然在卷四甲编中找到了沈荃的作品，并且出人意表地把我对他诗作的印象全然改变了。兹录三首如下。

其一为《安山闻警再宿而行》：“历落征途秋渐过，惊魂无际奈愁何。寒林露白封狐满，衰草燐青战鬼多。日暮千家闻巷哭，月明几处动樵歌。相看此夕悲行路，潦倒雄心系薜萝。”如此悲凉沉痛，岂止会心高岑，直欲追踪杜甫。

再看两首《武城道中见飞蝗感赋》。

其一：

横流苦未歇，赤地更堪悲。
白日飞蝗蔽，枯肠野雀饥。
人烟荒坂隰，香火乱村祠。
客路重经眼，潸然泪暗垂。

其二：

十载流亡道，频年水旱仍。
天心真莫解，人事更难凭。
梨枣先秋落，禾麻几岁登。
哀鸿中泽满，愁绝正填膺。

诗人对民间疾苦的感同身受之情，完全颠覆了我原来对居庙堂之高锦衣玉食的康熙帝师的想象。据载沈荃曾有《充斋集》《南帆咏》《一砚斋诗集》等著作。康熙丁卯（1687）吴之振曾刻沈荃诗一百八十首入《八家诗》，即《充斋集》。乾隆间传本已绝。幸好沈荃曾孙沈泰多方搜求其遗作，得十六卷，其中包括《八家诗》中的一百八十首。此即《一砚斋诗集》，一百多年间一直以抄本在族人中保存，直至民国初年才付印出版，但现在也不易得。

我所藏为具晚明早清典型特征的红金扇面，未署年月，落款沈荃，钤白文“沈荃之印”，朱文“绎堂”，以及朱文迎首小印“充斋”。可惜品相有瑕疵，但亦足可珍赏。此外，沈荃书作很少落年款，《中国古代书画图目》中入载的十数件作品中，仅上海朵云轩一件行书《昼锦堂记》。署辛亥（康熙十年，1671），故宫一件录五言诗作于戊戌（顺治十五年，1658）。苏州另有一件有目无图临虞世南行书作于壬寅（康熙元年，1662）。史载沈荃“中年以后，唱而不叹，诗思匆匆，遂乏佳致矣”。就存世有署年的作品来看，他在顺治后期至康熙前期这一阶段中，无论是书法还是诗歌，都还处于创作的旺盛之时。

16

何采的词与书法

图16-1　何采题诗扇面

何采少年得志，二十三岁时就高中顺治己丑科（1649）进士，选庶吉士，散馆授编修，官至侍读，顺治十三年（1656）初受命为《通鉴全书》纂修官。但至同年八月，即牵坐去官。此后优游山林，纵情诗酒书画。友人余怀为其作《南涧诗序》，称其“书摹子敬，画仿元章，尺牍数行，人争藏弃，砚铭马卷，得者为荣”。后因清初文字狱大起，他又“戒诗文”“以词托命”。他一生的艺术成就，在于词和书法，在清初词坛和书坛，被

何　采（1626—1700）字涤源，又字敬舆、第五，号南涧，又有让村、乖涯、省斋、芦庄和太平山人诸别号。桐城人，江宁籍。祖父何如宠为万历廿年（1592）进士，官至东阁大学士。

视为奇才。

何采视词为“情之所寄”，并不轻易示人。虽然他与清初文人吴伟业、周亮工、李渔和曹溶都交往密切，但较少参与当时词坛的征咏唱和活动。

他的词“不涉绮靡，类多辛辣豪壮之作，少加整饬，故声律未协也诚不免”（严迪昌《清词史》）。其词作主要见于《南涧词选》，依《全清词·顺康卷》所录，共存词493首。兹录其《桂殿秋·驴鸣》一首：“轰似角，戛似钲。庞形广颡作宏声。昭王台上求千里，武子棺前听一鸣。”

何采工书，台湾学人周月云有如此评价：“有华亭风采，潇洒自闲，轻柔处有气，挺秀中有骨，形质雅淡隽永，气宇淳古如羽客飞仙（《明末清初书法展·文人卷》）。”故宫博物院、天津艺术博物馆和景德镇博物馆都收藏有他的书法作品。

我有一页他的行书金笺扇面，录自作七律一首：“长拂征鞍捧诏行，汉廷经术动公卿。东方不独雄千骑，南面还应重百城。极望楼台湘水合，几重云树楚天清。公门原自多桃李，相慰春明折柳情。小诗奉送秋水老年台并书呈正。弟何采。”钤朱文“何采之印”和“口小山房”二印。此为何采早年之作（他后期戒诗文以词托命），或在其去官归隐之前。此叶扇面下笔劲爽，墨色甚美，品相尚佳，稍有脱墨，精神未损。

17

萧然出尘孙西灏

图17–1　孙西灏竹石扇面

图17–2　扇面局部

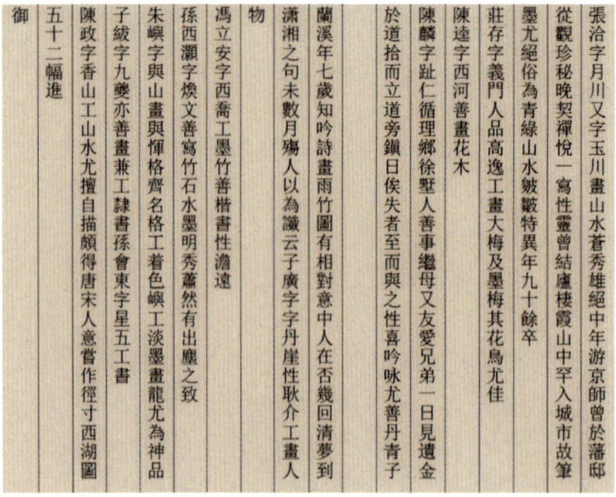
張洽字月川又字玉川畫山水蒼秀雄絕中年游京師曾於藩邸
從觀珍秘晚契禪悅一寫性靈曾結廬棲霞山中罕入城市故筆
墨尤絕俗為青綠山水皴皺特異年九十餘卒
莊存字義門人品高逸工畫大梅及墨梅其花鳥尤佳
陳逵字西河善畫花木
陳麟字趾仁循理鄉徐墅人善事繼母又友愛兄弟一日見遺金
於道拾而立道旁鎮日俟失者至而與之性喜吟咏尤善丹青子
蘭溪年七歲知吟詩畫雨竹圖有相對意中人在否幾回清夢到
瀟湘之句未數月殤人以為讖云子廣字字丹崖性耿介工畫人
物
馮立安字西喬工墨竹善楷書性澹遠
孫西灝字煥文善寫竹石水墨明秀蕭然有出塵之致
朱嶼字與山畫與惲格齊名格工着色嶼工淡墨畫龍尤為神品
子紱字九夔亦善畫兼工隸書孫會東字星五工書
陳政字香山工山水尤擅自描頗得唐宋人意嘗作徑寸西湖圖
五十二幅進
御

图17-3 《武阳县志》选页

得云母笺竹石扇面一，画得甚好，获何兮认可。画面中置巨石二，石前有绿竹丛生。前竹短，临溪，对岸有远山；后竹高，竹梢有高出画面者，摇曳生姿，树处其间，叶已尽。石后则另有数枝探出，亦无叶，但有红果三。以水墨为主体，竹之绿颇透明，应以花青藤黄调成，颇增萧瑟之感，为晚秋初冬之景。题曰：“丹丘竹石有尘外风致。为岵翁老亲台。辋川孙西灝。”款作行书，飘逸潇洒。钤朱文两小印，为“孙西灝”“焕文”。

查《中国美术家人名辞典》，有孙西灝条：“字焕文，一字罔川，阳湖人。善写竹石，水墨明秀，萧然有出尘之致。”并称以上见《阳湖县志》和《读画辑略》。按《武阳县志》应为《武进阳湖合志》，汤成烈纂，有康熙三十四年（1695）刻本，光绪王其淦重修。该志卷二十六亦有孙西灝条，其文则与俞剑华所引一字不差。另《读画辑略》有1933年10月洪业整理缮录抄本，由哈佛燕京学社引得编纂处以《清画传辑佚三种》出版。1990年上海古籍出版社又影印出版。然而据此查遍此书，并无孙西灝条目，不知何故。

此扇面材质形制及书画风格为典型明末清初之物。上款称谓“枯翁老亲台”亦具时代特征。《武阳县志》中，孙西灝条位于陈逵、朱屿等清早期人物之间，他应该是那时一个被忽略的优秀画家。

18 江都徐龄何许人

图18-1　徐龄山水扇面

庚子夏，西泠网拍上出现一叶红金笺的水墨山水扇面，画得甚佳，颇得我心。上题“癸酉长至日仿梅道人笔。呈颛翁老先生政之。江都徐龄”。钤白文连珠印，印文模糊不辨。画面山重水复，林木蓊郁，多用湿笔，淋漓雄厚，虽小如扇面，得吴镇善于用墨之妙。

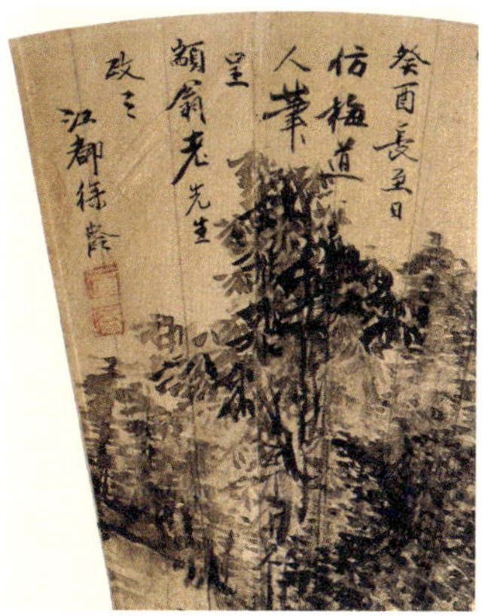

图18-2　款识

然而，徐龄不知何许人也，其为诸画史所不载。汪鋆的《扬州画苑录》和李斗的《扬州画舫录》俱未收。李斗之著作虽非画史，却从康熙《府县志》、雍正《县志》等文献中录得扬州一带画家姓氏及其简单生平事迹，附于《画舫录》，但仍无徐龄。即使有些盲目地去书橱中翻检诸如焦循的《邗记》和《北湖小志》，乃至阮元的《续志》和《补遗》等清代扬州地方文献，也一无所得。

上款颛翁应为王掞（1645—1728）。他字藻儒（如），号颛庵。王时敏第八子。康熙九年（1670）进士，官至文澜阁大学士。工诗偶作画，曾画箑为王翚赠行。从他的一些存世作品看，他的画颇为生涩板滞，不如徐龄多多。

清代扬州繁华之盛，在乾隆一朝，画事亦因之盛，“扬州八怪”等优秀画家亦得以扬名于世。康熙前期去“扬州十日”之屠不远，百业待兴，画家的命运也与之相关。这样，徐龄于我而言就成了清初江都一位史书失载的优秀画家。但我还是把这叶扇面收下了。当然，心中还是抱着一丝希望，希望海内外博雅诸君能有以教我。

19

山中听雨戚逸髯

图19-1　戚逸髯山水扇面

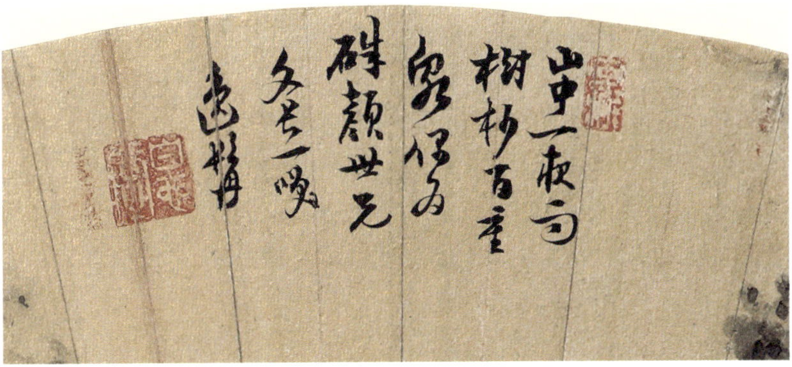

图19-2　款识

2019年夏天，在种芸山馆见一叶戚著山水金笺扇面，有点吃惊。

我的藏扇之友中，有两位是我比较看重的。这两位是亲兄弟，哥哥是纺织界的企业家，自称是“卖布郎”；弟弟是位艺术家，眼光特别敏锐，做设计和画画都有过人之处，风格偏传统一点，与当代性关系不是很大。

他们曾合作办过一个明清扇面展，并为此出了一本图录。蒙他们错爱，我为他们的图录写了一个序，并在展览的开幕式上发了言。这叶戚著的山水扇面，也被收录在书中。难道他们俩开始出让自己的藏品了吗？我立即发信询问，答称书中也有少数几件哥哥朋友的藏品，这件戚著就属于香港一位林姓朋友的，果然扇面左下钤有“南海林氏藏扇”之印。

戚著字白云，余姚人。山水学恽寿平（一说学恽道生），书法亦妙。见《图绘宝鉴续纂》卷二，位于程正揆、邵弥等之后，刘度、王时敏之前。《图绘宝鉴续纂》一书本有排名失序前后倒置之病，但如用于安澜《画史丛书》本，经于先生“均为改易”，其排名顺序也能透露画家活动时期之先后。戚著存世作品偶有所见。2010年保利五周年秋拍，古代书画专场推出“明代名家书画金箋册”二十开，其中有蓝瑛、宋曹、陈名夏、龚贤等明末清初的作品，而戚著此页赫然在列。

佳士得曾上拍康熙二十八年（1689）《诗意山水画册》十二开，为日本饭田家属旧藏，有“宝亲王宝”和“长春居士”印，应为乾隆即位之前所有。网上另有《流观山海》册二十开，风格相同。戚氏画跋简短有雅致。如：“鸡声茅店，人迹板桥，颇堪入画”；“荻花渐远，藤萝月近，多物外之赏”。落款则多“逸髯”“逸著”“髯”，常用“白也堂”印。种芸山馆此扇面题曰：“山中一夜雨，树杪百重泉。偶为硃颜世兄文长一笑。逸髯。”钤白文“白也堂”，迎首白文“石痴”。看来这位戚先生是大胡子，且颇自喜。

此扇风格略似冯仙湜之作，但味道差一点。扇面似近经重裱，裱头也用了洒金笺，较为少见。此非苏州扬州的传统，或为港粤时尚。

20 八旗画家赫奕

图20-1　赫奕山水扇面

赫奕，一作赫颐，字澹士，号南谷，别号碧岩萧史。姓赫舍里氏，正白旗人（《读画辑略》称其为正黄旗人）。大学士希福之孙，礼部尚书帅颜保之子，官至工部尚书、大司空和内务府总管。康熙时尝奉敕作画，深蒙眷顾，赐额“雅志高云”。性淡泊，琴书之外，专事于绘画。初学黄鼎，后师从王原祁。山水宗元人，有“南王北赫”之称。识者称其“笔碎而意整，墨干而气湿。自出机杼，不肯旁人门户。久称逸品”。秦祖永曾藏有赫奕一大方幅山水，“皴染沉着，山石勾勒，林木中插，无不规模司农（指王原祁）”，或为其早年之作。

我于某拍卖会上竞得赫奕纸本雪景山水扇面一帧，为安定斋主人旧藏。其藏品十分干净正气，颇有民国收藏大家之作派。扇面以淡墨通染，留白为雪，略用花青赭石，用笔颇为工谨，而整体感甚好。落“臣赫奕恭画”，钤朱文“赫奕”，白文“恭画”二小印，大小一样如连珠。他曾供奉内廷，落臣字款恭画款很正常，但钤“恭画”印颇为罕见。扇面上方中央钤朱文“端康皇贵妃御览”。端康为光绪帝之瑾妃，宣统即位后尊为“兼祧皇考瑾贵妃”；宣统逊位后，小朝廷为之上徽号“端康皇贵太妃”。此次拍卖会共出五件拍品（俱为扇面）上钤有此印，或为宣统逊位后所赐于瑾妃者。右下另钤一极小之“安定”朱文印，为旧藏主人之斋号。

21 叶凤毛与屑金笺扇

图21-1　叶凤毛山水扇面

图21-2　杭越行书扇面

图21–3　张振紫藤花扇面

一位扬州的古董圈朋友，认识几十年了，但也不是很熟。听说我又在蒐集金扇面，他通过另一位嘉兴的朋友，给我送来一叶叶凤毛的山水扇面，双方没有议价就成交，应该称得上是承让，我感受到他的善意。

叶凤毛，无论是字面和含义，都体现了相当程度的稀罕性。他字超宗，号恒斋，顺治进士叶映榴（1642—1688）之孙，康熙诸生叶敷之子，自己官中书，三代都善画山水。叶凤毛是冯金伯自述“髫年师事父事之人”，由此高居《墨香居画识》卷首第一名。

这是一页细笔山水。咫尺之间，绘有远山近崖，野墅深邨，小桥流水，高松出云，丛林若屏，并携杖出游之客，循涧籁而寻幽。布置疏密有致，且笔笔到位，无一苟且。款作“乙未夏月为云翁词长正叶凤毛”。钤朱文小印“恒斋”。此处乙未为康熙五十四年，即 1715 年。

略微令人遗憾之处是扇面底色太深，幸好布满极小之金箔，即所谓屑金笺，添加少许亮色。扇面用俗称“乾隆鸾雀”的暗花绫装裱，虽有折损尚称完整，惜其装池年代颇久，不再重装。

康熙屑金笺我曾过目若干，多半颜色变深如此页。我还有康熙五十七年（1718）杭越行书屑银笺扇面一，底色相仿而屑银俱成小黑点，视觉效果更差。杭越字仍夏，江苏宜兴人，康熙五十六年（1717）经魁，博通诸子百家，为江左文人领袖。因此，虽意有不足，仍珍重入藏。

后来我又收到一道光年间屑金笺扇面，为张振所作紫藤花。也许是制扇技术之进步，或是距今时间较近，总之视觉效果要好很多。张振一作张震，字春岚。世为画家，他为张赐宁之孙，张百禄子。此扇作于丁未（1847），署款中的“十三峰草堂”则是沿用了祖父的堂号。

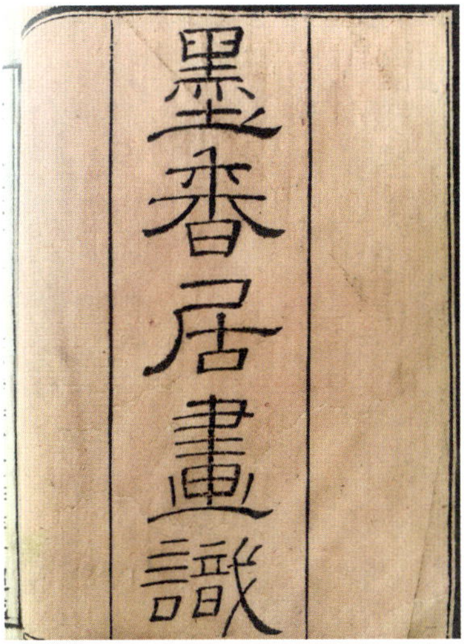

图21-4　《墨香居画识》内页

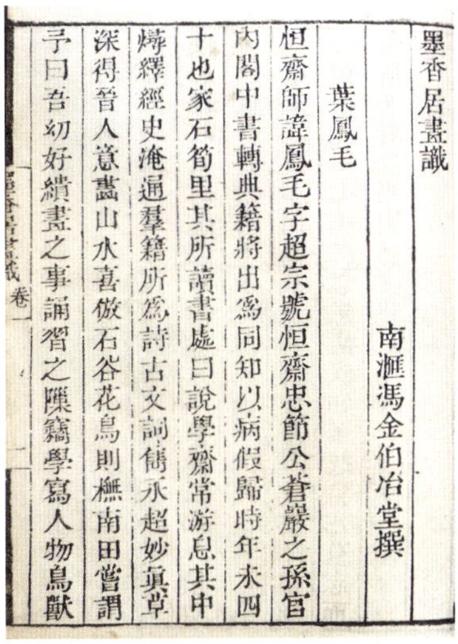
墨香居畫識

南滙馮金伯冶堂撰

葉鳳毛

恒齋師諱鳳毛字超宗號恒齋忠節公耆巖之孫官內閣中書轉典籍將出爲同知以病假歸時年未四十也家石筍里其所讀書處曰說學齋常游息其中燽繹經史淹通羣籍所爲詩古文詞儁永超妙眞草深得晉人意畫山水喜倣石谷花鳥則橅南田嘗謂予曰吾幼好繢畫之事誦習之隙竊學寫人物鳥獸

图21-5　《墨香居画识》选页

气味近俚杨驴子

图22-1　杨良人物山水扇面

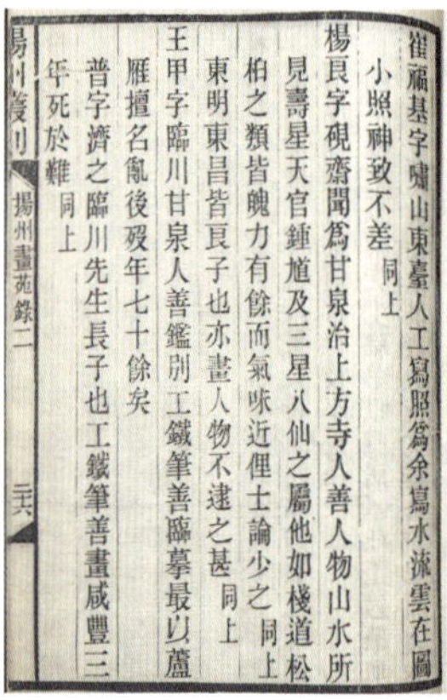

崔福基字嘯山東臺人工寫照爲余寫水流雲在圖
小照神致不差 同上
楊良字硯齋聞爲甘泉治上方寺人善人物山水所
見壽星天官鍾馗及三星八仙之屬他如棧道松
柏之類皆魄力有餘而氣味近俚士論少之 同上
東明東昌皆良子也亦畫人物不逮之甚 同上
王甲字臨川甘泉人善鑑別工鐵筆善臨摹最以蘆
雁擅名亂後歿年七十餘矣
普字濟之臨川先生長子也工鐵筆善畫咸豐三
年死於難 同上

揚州叢刻　揚州畫苑錄二　二六

图22-2　《扬州画舫录》选页

李斗（1749—1817）《扬州画舫录》卷二“草河录下”记当地画家杨良，“字白眉，工画驴，（画）一驴换牛肉一斤，谓之‘杨驴子’”，与同时善画美人之施胖子并称，颇可发人一笑。其后汪鋆（1816—？）《扬州画苑录》卷二亦载一杨良，“字砚斋，闻为甘泉治上方寺人。善人物山水，所见寿星、天官、钟馗、三星、八仙之属，他如栈道松柏之类，皆魄力有余而气味近俚，士论少之”。俞剑

图22-3　杨良山水册之封面

图22-4　杨良山水册页（1）

华据此在《中国美术家人名辞典》中分列两杨良。雍正年间江都县分为江都、甘泉二县，都属扬州。《扬州画舫录》中之草河专指“上方寺至长春桥”一段，则两杨良俱为上方寺一带人或主要活动于上方寺一带，疑为一人。

我曾于朵云轩120周年金秋拍卖会上见一署名“砚斋杨良”，钤印“白眉”之扇面，正好能证实上述想法，了此公案，遂奋力竞得之。

此扇面纸本水墨，画三驴三人逶迤行于山水之间。近处脚伕举鞭驱二驴负重过小桥，转过岩壁树丛可见另一脚伕牵一驴并一骑者踽踽前行于栈道之上，扬鞭指路。用笔简练而形象生动，允称佳作。画面上有人

图22-5　杨良山水册页（2）

图22-6　杨良山水册页（3）

图22-7　杨良山水册页（4）

图22-8　杨良山水册页（5）

图22-9　杨良山水册页（6）

有驴有山水有栈道，俱合李、汪二人所述杨良善画之题材。汪鋆称杨良“气味近俚”，乃指后者的画富于生活气息，那些士人视之为市井俚俗而鄙视之，正反映了他们的酸腐。

关于同一人的这两段记载，我比较喜欢李斗所述。寥寥数句，如画龙点睛，十分形象，且富幽默感。《扬州画舫录》有乾隆乙卯（1795）自然盦藏版本，成书当在此之前。我们也由此可大致知道杨良在世的时间。书中所记，“皆李斗目之所见，耳之所闻”，“考索于志乘碑版，咨询于故老通人，采访于舟人市贾”，凡“风土人物、园亭寺观、工段营造、诗酒风流，无不指画昭晰，析缕分条”，叙述生动有序。其中，卷二、卷三共记载了扬州籍或寓居广陵的画家约九十人，于中国画史研究亦多补益。《扬州画苑录》则为画史专著。两者书名虽仅一字之差，而旨趣殊异。然汪鋆此书中之内容，亦颇多得自他采访搜录，并非全然转引他书。而两作者生活年代相距近百年，所见所闻迥异，对同一杨良各说各话，也是可以理解的。竟得一扇画，细读两本书，解心中疑惑，了一段公案，快何如之！

一年后又见北京某拍场有杨良山水一册十二开，每开 24.5 × 35 厘米，原为蝴蝶装，晚清时重裱为经折装。封面用双色小锦，亦称匣锦，并有署名朱锡三者题签："杨良山水画册"。此册为语言学家王力（1900—1986）的旧藏。王先生书画收藏颇富，但少精品珍品，也许只是先生治学之余的消遣。他的藏品，在此期间，数次出现于这家拍卖公司，每次都是作为同一藏家的专场推出。这些山水册页中亦有人物点缀，见骑驴者有三开，与我之前所收扇面的笔墨完全一致，可知杨良的绘画风格变化不多。署款都作"砚斋杨良"。我请住在北京的学生代我拍下，郑重入藏，并视之为与古代画家和前辈学者的缘分。

图22-10　杨良山水册页（7）

徜徉苏堤曹听山

在我最早的扇面藏品中，有一叶曹涧的“苏堤春晓图”。曹涧字听山，名不著，生平亦无记载。俞剑华在某《美术特刊》上见过他的“渡水望山图”，作于康熙五十二年（1713），才把他记录于《中国美术家人名辞典》。但是，我查了《中国古代书画图目》，曹涧入载了六件作品。其中天津市艺术博物馆藏四件，分别是“篱门图”纸本四段裱成一手卷（1704），“蕉屋泉声图”轴（1708），仿古山水（“溪山高士图”）轴（1719）和山水册页十二开（1715）。首都博物馆藏一件，为设色“仿王诜山水”扇面（1708）。广东省博物馆藏一件，为“仿倪云林”轴（1708）。

从这些藏品的题跋中我们可以得到以下关于曹涧的信息：他是江苏一带的人（首博藏扇面署款“古吴曹涧”），主要活动期在康熙后期，即18世纪初。他诗文修养颇高（题跋中可见）。最擅仿古山水，这六件藏品包括了二十件独立山水作品，题跋中分别称自己仿云林、松雪、北苑、巨然和天游陆广等宋元名家。明代诸家还得不到他的青眼。这也说明曹涧还是有机会看到不少古代名画。“绿野堂”可能是他斋名（见天津艺术博物馆藏山水册页之题跋）。《中国古代书画图目》中的作品，是从《中国古代书画目录》中精选的“佳品”，可见曹涧的山水画入得了启功、谢稚柳等老先生的法眼。另外，劳继雄在《中国古代书画鉴定实录》中记载，1983年8月底9月初，他陪谢稚柳等鉴定故宫博物院代管文物时，看到一件曹涧的“月夜观梅图”扇面，作于康熙

图23-1　曹涧《苏提春晓图》扇面

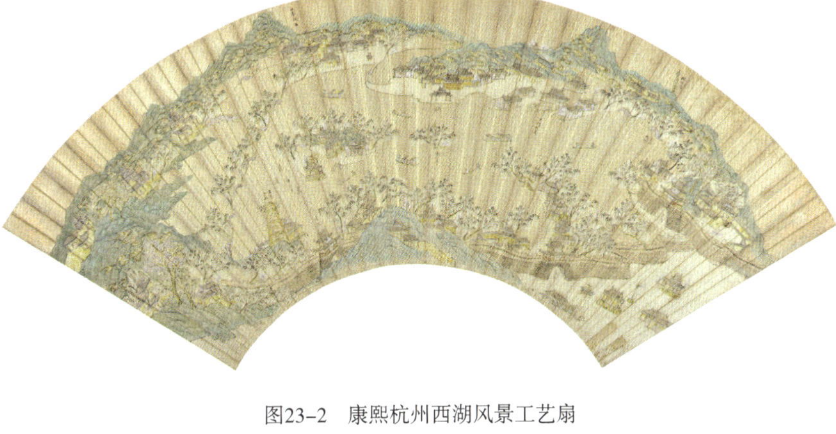

图23-2　康熙杭州西湖风景工艺扇

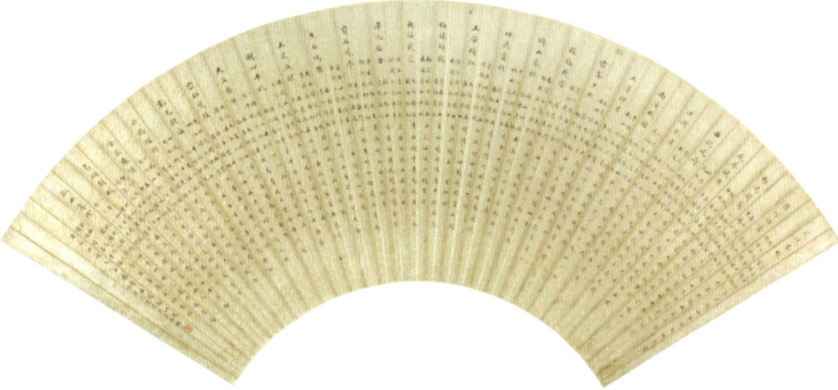

图23-3　《苏堤春晓图》扇面另面小楷

四十三年癸未（1704）；同年11月11日在北京荣宝斋看到他的十开山水册页；1984年6月23日在故宫博物院又看到曹涧山水图轴，作于康熙五十二年癸巳（1713），上有杨晋的题跋。其间，谢老多次称曹涧为王翚学生，风格类其师，比杨晋画得好。

我这件藏品画在清初典型的云母笺扇面上，题“苏堤春晓。甲午（1714）春三月写为卫老道长兄。听山曹涧”。钤白文“曹涧之印”和朱文“听山”。

高居翰往往对中国山水画中以实景为对象的作品评价较高。曹涧此扇并非其常见的仿古作品，而是苏堤的实景描绘。虽然不是严格的写实，但还是能感到春天的气息扑面而来。尽管三百多年过去，西湖已不复当年旧貌，但观者还是能认可这就是苏堤。其构图设色笔墨趣味也十分精到。

后来我又在微信朋友圈看到一位梁先生感叹他的一件清早期山水斗方，要价5000元还没人应。我一看正是曹涧的作品，上题一段跋语：“溪亭诗思。仿家云西笔意，听山曹涧。”钤朱/白小印“听山子”。云西为元代画家曹知白的号，因为都姓曹，故称之为“家云西”。此件与前述博物馆藏品以及我的藏扇风格一致，我立即买下入藏。

曹涧的这叶扇面在我这里可谓得其所哉。多年来，我时不时会取出欣赏；即使它不在手头时，我也会常常想到它。有一次我在杭州的“二百大”古董市场见过一把金笺工艺扇，内容是西湖风景及其介绍。一面绘地图式山水，一面为小楷，绘录了西湖廿七景而不是十景，其中包括了苏堤春晓，可按图索骥。扇股为圆头三十档象牙。根据其工艺特征和风格，可判断也是康熙年间之物。虽然已经脆弱不堪，我还是断然买下了。并请友人金先生裱成对页，扇股则被苏州一位制扇名匠拿去做仿制的标本。此扇虽非曹涧所绘，我却可以神游其间，想像曹听山负手喃喃，徜徉于苏堤之上。

图23-4　曹涧山水斗方

潇洒平原陆道淮

图24-1　陆道淮山水扇面

康熙时期有画家陆道淮，光绪重修《嘉定县志》卷二十“艺术”中可见简单记载如下：“陆道淮字桐源，一字上游。国子生，善画山水，师事王翚、吴历。好游名山，尝泛海至日本。”诸画史则记载不详。幸其存世作品尚不难见到。

上海博物馆藏其画二。一为《山居春晓图》轴，纸本设色，款作“雍正甲辰（1724）端阳前一日模黄鹤山樵笔於嘉树轩，粗云陆道淮”。

其二为《丛篆乔柯图》轴，纸本水墨。款作“壬寅（康熙六十一年，1722）七月下浣拟吴仲圭笔意，桐山樵人陆道淮”。

天津市艺术博物馆藏《竹坞幽居图》轴设色纸本，题：“竹坞幽居，戊戌（1718 康熙五十七年）八月仿口元人景于翠墨山房，桐山

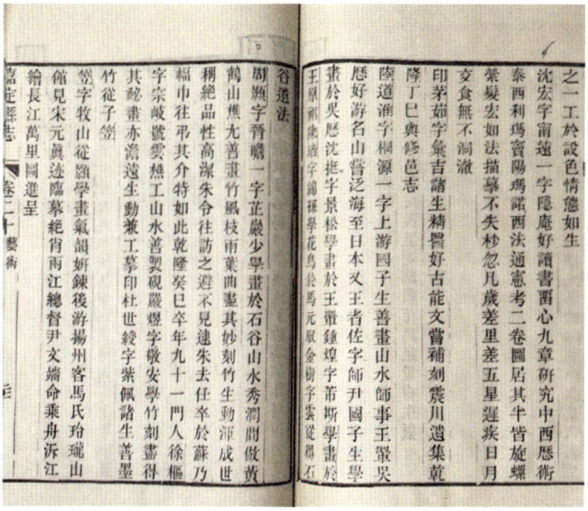

之一工於設色情態如生
沈宏字甯遠一字隱庵好讀書留心九章研究中西歷術泰西利瑪竇陽瑪諾西法通憲考二卷圖居其半皆旋螺葉髮宏如法描摹不失杪忽凡歲差里差五星遲疾日月交食無不洞澈
印茅茹字彙吉諸生精醫好古能文嘗補刻震川遺集乾隆丁巳與修邑志
陸道淮字橘源一字上游國子生善畫山水師事王翬吳歷好游名山嘗泛海至日本又王者佐字師尹國子生學畫於吳歷沈挺字景松學畫於王翬鍾煌字茀斯學畫於王原祁徐璐字錦穉學花鳥於馬元馭金樹字雲從得石谷遺法
周灝字晉瞻一字芷巖少學畫於石谷山水秀潤倣黃鶴山樵尤善畫竹風枝雨葉曲盡其妙刻竹生動渾成世稱絕品性高潔朱令往訪之避不見逮朱去任卒於蘇乃幅巾往弔其介特如此乾隆癸巳卒年九十一門人徐樞字宗岐號雲樵工山水善製硯嚴煜字敬安學竹刻畫得其秘畫亦瀟遠生動兼工摹印杜世綬字紫佩諸生善墨竹從子鋆
鋆字牧山從顥學畫氣韻妍鍊後游揚州客馬氏玲瓏山館見宋元真迹臨摹絕肖兩江總督尹文端命乘舟泝江繪長江萬里圖進呈

嘉定縣志 卷二十 藝術

图24–2 《嘉定县志》选页

樵人陆道淮。”三轴画心都不大，分别为99.7 厘 米 ×41.2 厘 米、48 厘 米 ×42.8 厘米、62.5 厘米 ×34.5 厘米。

第三件比较重要，上有诗堂，张鹏翀（1688—1745）以行楷题五言长诗一首并长跋以记此画之端末：

性本爱修篁，千竿未为足。
尤宜野水幽，清影媚寒渌。
秋风满枕函，梦绕潇湘曲。
何人写此图，森秀蔟溪谷，
近来殊绝艺，潇洒平原陆。
山容自俯仰，村坞相回复。
疏窗面清流，古径无凡木。
竹里白茅茨，幽人乌帽屋。
桥通杖履踪，邻结鸡黍局。
年年秋场登，处处秫酒熟。

图24–3 山居春晓图

图24–4 丛篆乔柯图

醉来眠竹阴，旷荡无检束。
片尘飞不到，何处着凡俗。
神仙虽旷世，道书闻可读。
仇池九十九，嵩山三十六。
我诵东坡诗，翩然念暇瞩。
何时得此境，举酒一相属。

戊戌闰八月十九日，陆上游见示竹坞图兼请题句。酒醒握笔，随意写此。东坡所谓觞衍笔落，了不容思者也。南华散人张鹏翀”。

俞剑华称陆道淮与张鹏翀等五文人相交善，曾绘《六游图》，信然。

此外，劳继雄记故宫博物院藏“凤阿先生像册一开”真迹，有钱大昕等题跋。南京博物院有《松竹幽亭图》绢本墨色轴，署“庚寅（康熙四十九年，1710）嘉平十日”。劳氏并两次注称陆氏乃“王翚一派”。据此可知陆道淮又号粗云和桐山樵人，并或以嘉树轩和紫翠山房为斋名。其创作活跃期在康熙后期至雍正初年，并与张鹏翀相善。

但是，关于陆道淮如何师从王翚、吴历的情况，还可进一步讨论。《清画家诗史》称陆氏“乃吴渔山（历）高弟，又尝受教于王石谷”。前一句是说陆氏为吴历入门弟子，可能是从《墨井诗抄》中探得的消息。后一句有陆道淮的一首“呈耕煙夫子”长诗可以印证：“弟子惭非入室者，廿载依归讬镕冶。经营惨淡辨毫芒，元气淋漓看挥洒……”看来陆道淮虽然仰慕王翚，追随左右二十年，亲眼看王翚作画，受其指教，但并未正式入门拜师，介于私淑与入门之间。

我有陆氏一叶墨色山水纸本扇面。近景为临水三株疏木，两侧有竹石，右边有一茅屋。远处有平缓群山。笔墨淡雅意境萧瑟，颇有一点倪云林的味道。署“色映溪沉沉，溪云生夕阳。无限楚山意，鹤鸣风满林。己丑（康熙四十八年，1709）九秋师云西老人笔意。请正于老道兄先生。桐山樵人陆道淮”。钤朱文“知音”。此扇面在上文所提到的陆氏作品中是最早的一件。

陆道淮作品的题跋一般较长，其中蕴藏信息量较大，凡作画主题、时间、地点及拟某人等俱全。比较引人注目的一点是跋中多称自己拟元人法，如吴镇、曹知白和王蒙等，说明他所宗乃董其昌四王一派。

曾发此扇高清之图示何兮，得其称好，故在竞拍中没有放弃。

图24-5　陆道淮山水立轴

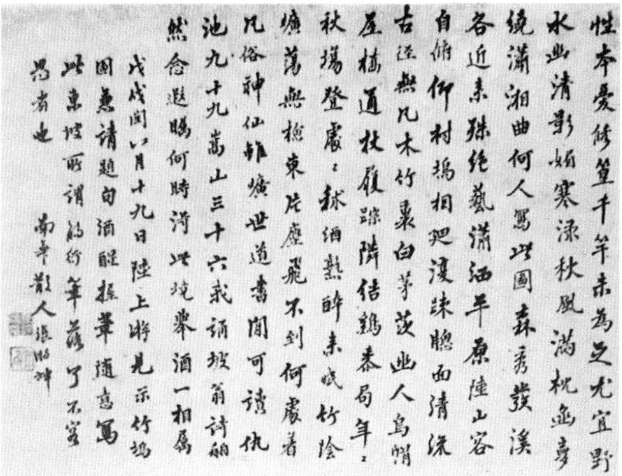

图24-6　张鹏翀题诗

25

饮酒薄醉张玉裁

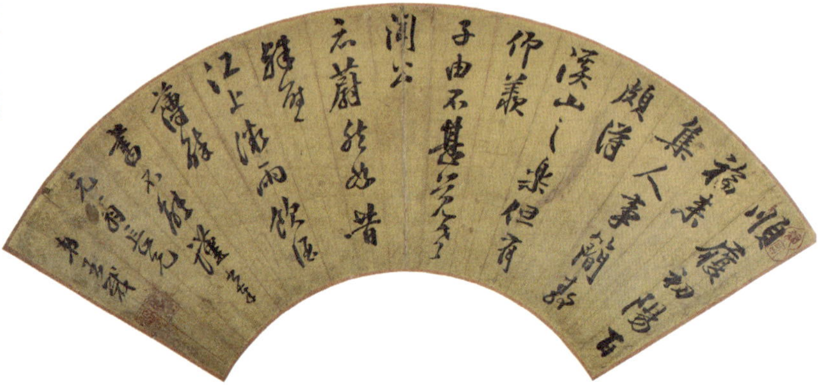

图25-1　张玉裁书法扇面

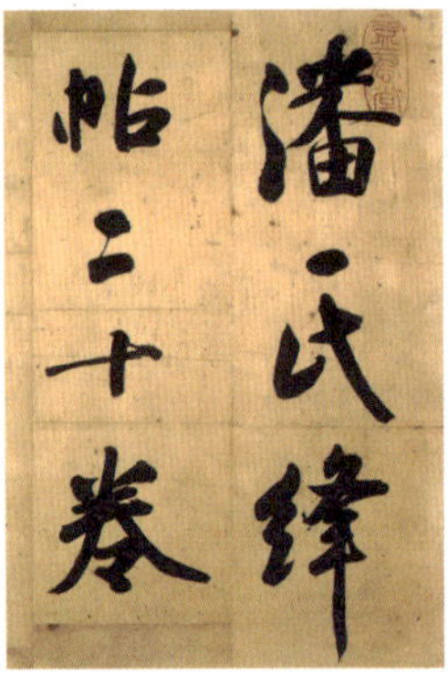

图25-2　《论潘氏所藏绛帖》行书局部

此件于种芸山馆194期所得。

初见此件于常州某拍场图录，当时竞拍人颇多，此落彼起。吾未至现场，委托某友人犹豫间入于他人之手。未隔多时，则又出现于种芸山馆，令人诧异：由大拍现场竞得立即委托网上微拍出手，有违常理。常州某君乃藏界名人，目光如炬，决断果敢，遂询之。某君答曰：竞拍成功者以为此玉裁乃金坛段玉裁，既为乡贤，又慕其身为徽派朴学大师，故勉力争得之。后知此玉裁姓张，遂弃之。我心中疑惑顿解，遂取之。

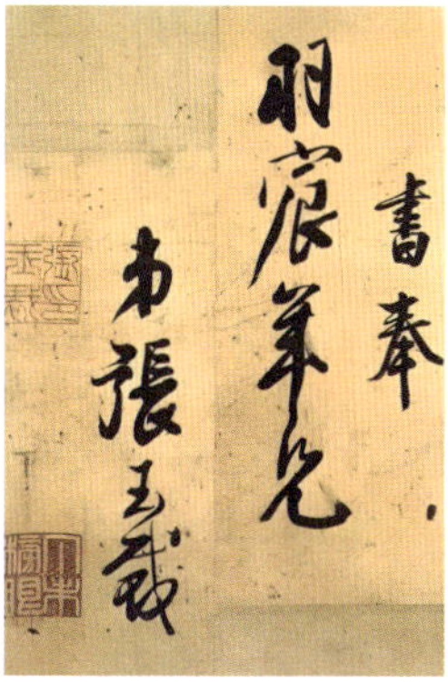

图25-3 《论潘氏所藏绛帖》行书局部

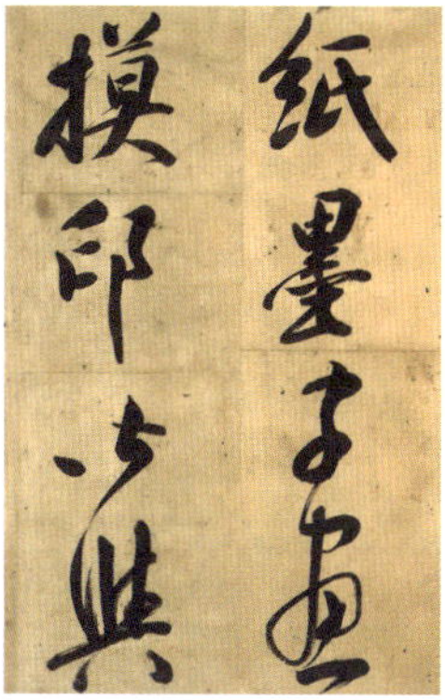

图25-4 《论潘氏所藏绛帖》行书局部

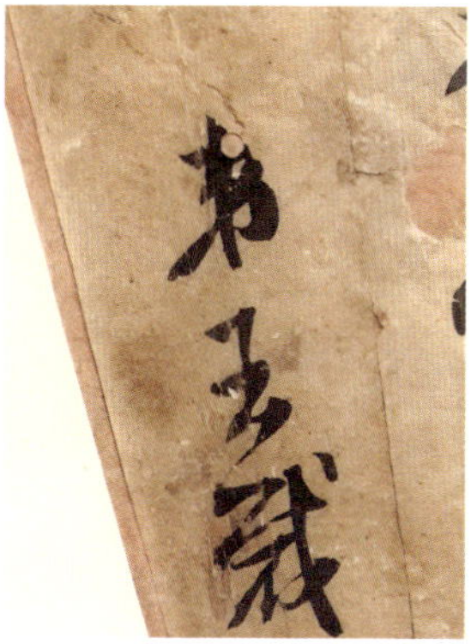

图25-5 款识

张玉裁（1639—1674），字礼存，号退密，江南丹徒人。九岁通经，康熙五年丙午（1666）科乡试中举，六年丁未（1667）科缪彤榜榜眼。授编修。康熙九年（1670）任会试同考官。后以疾归隐丹徒，一病不起。时人拟之为贾谊，伤其早逝。张玉裁为官方轨自持，有《礼存文集》传世。其书法大气磅礴，劲挺明快，有《论潘氏所藏绛帖》大字行书册，精彩绝伦，现藏辽宁省博物馆。

此扇面上以行书录古人信札中语，末称："江上微雨，饮酒薄醉，书不能谨，奉元翁长兄，弟玉裁。"迎首朱文葫芦印"退密"，及白文"张玉裁印"（不甚清晰）。虽品相较差，比之辽宁省博藏品，精神顿减，但两者出自一手则无疑问。

张玉裁父九征，顺治十二年乙未（1655）进士，弟玉书顺治辛丑（1661）翰林，散馆授编修，官至文华殿大学士，谥文贞，乃清初一代名流，有《力行斋集》行世。

26 快手张鹏翀

图26-1　张鹏翀山水扇面（1）

图26-2　张鹏翀山水扇面（2）

张鹏翀（1688—1745），字抑斋，号南华，嘉定人。雍正五年（1727）翰林，散馆授检讨，官至詹事。书法学苏轼，画山水师元四家。爱佳山水，裹粮往游。笔墨清润，诗才敏捷。“侍从内廷时，命题咏可应声立就。作画亦顷刻能尽数纸。”著《南华诗集》。

我箧中有其水墨山水扇面两叶，叶露渊旧藏，2018年得自上海工美拍卖行。其一题：“竹树清风。南华山人画。”钤“张鹏翀印”白文。右侧又有“南华”朱文一印。其二题：“云溪竹树。甲寅（1734）仲冬，南华张鹏翀呵冻画。”钤朱文“抑斋”，右侧另有白文“鹏翀之印”。

两扇俱无上款，想来是自娱之作。似画于同一时期，逸笔草草，粗枝大叶；挥洒随意，顷刻立就。果然堪称快手。

图27-1　张廷楫书法扇面

曾于常州某拍卖场见张廷楫行草洒金扇面，上书七绝一首：“冶城东畔旧高台，寂寂朱扉映竹开。一树碧桃花欲尽，去年蝴蝶却飞来。”致“嵩老老年台”，落“张廷楫”款，钤朱文“张廷楫印”，白文“厚莽”。书法和诗意俱富明人意趣。有疲损，尚可玩赏。扇面金笺色泽温润偏暖，年份也较早。

查了一下俞剑华的美术家人名辞典，有如下简略介绍：“张廷楫，字汝舟，号厚庵，一号竹屋。甘泉诸生，居邵伯镇。工书画。”材料来自《广陵思古编》和《清画家诗史》。

再查一下相关文献，知道了《广陵思古编》中张廷楫的信息转摘自阮元的《淮海英灵集》。此书于嘉庆三年（1798）编成，所收为入清后至编时已过世之人士。另外，谢堃的《书画过眼录》称其“开刘石庵之先声”。刘墉书法中年以后自成一家，刘墉于1751年中进士，由此，张廷楫的作品应该在乾隆中期之前已较广泛地流传和被人们认可。所以，在没有查到更多相关材料之前，我倾向于认为张氏最早有可能出生于明末，最迟在乾隆前期仍旧在世，但其艺术创作的活跃期应该在康乾之间。

事实上，张廷楫确实曾被人误认为明代人。21世纪初，有人在日本艺术市场买到一件“明代十二明贤便面贴”，其中有王宠、项元汴、文震孟、陈丹衷、张廷楫、曹鸣远、何如宠、罗汶、邵学朱、陈元辅、张济夫等行草书。其中的张廷楫作品，正是我现在看到的这页。2004 年秋季被人送到上海东方国际商品拍卖有限公司上拍，以 12 万元多一点落槌。2016 年匡时十周年秋季古代书画专场上，其中八页又曾出现。其中包括张廷楫等原藏者认为年份较迟或名气较小者。

张廷楫诗书画之中，或许诗的成就和影响最大。江都邵伯镇在康乾时期诗人辈出，诗酒风流之会频繁。张廷楫与谢钟山、史克封、史君等都入载地方文献。这些诗人雅集之地“枝庐”“融屋”“止园”“畦园”“汇园”或已湮灭不存，但仍留给后人以美好的想象空间。嘉庆六年（1801）刊成的《广陵诗事》中有着生动的记录。

原以为扇面所书诗为张本人之作。经朋友指出，此诗为明代景泰十才子之一的沈愚所作。第二句又作“寂寂朱扉映竹开”，此处“寂寂”二字颇觉生僻，却也别开生面。故引《清画家诗史》中所载张廷楫的一首《雨霁》:“农务齐三月，郊原雨歇天。平芜下积水，古木响春鹃。墅远鸡豚逸，村深草木连。壶觞就野老，应共汝陶然。”此诗使得张廷楫作为一个田园诗人的风貌更为丰满。

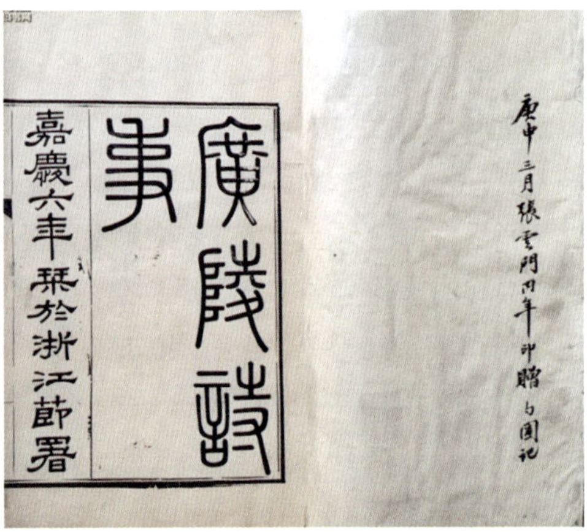

图27–2　《广陵诗事》内页

28

秀老苍疏徐西涧

图28-1 徐西涧山水扇面

徐鉽（1767—1825），字彦常，号鹿笙，更号西涧。仁和诸生。擅山水，秀老苍疏，《墨林今话》称其于“奚冈后可称巨手”。钱泳《履园画学》称徐鉽“尝乞奚铁生指授”。而《中国美术家人名辞典》则称“时杭之习绘事者多出奚冈之门，而鉽独不往”。两者不知孰是孰非。徐鉽能诗，著《竹光楼稿》。兹录其七律一首：

路入江南鸭脚稠，霜林处处足勾留。
夕阳冷淡前朝寺，风色萧条古戍楼。

《中国古代书画图目》第十一册141页登载了其一幅“拜经览古图”屏轴（120厘米×33厘米），水墨纸本，作于嘉庆戊辰（1808），较我收藏的扇面似更工稳，但风格是一致的。此画乃浙江省博物馆藏品。

溪静倒涵千点影，雁飞斜带一枝秋。
湖湾不见诗人宅，黄雪依然落钓舟。

我箧中有其纸本水墨山水一叶。题曰：“壬子（1792）秋日仿李长蘅法为云楼仁兄教正，弟徐鉽。”钤朱文“鉽”，白文“西涧之印”。此叶轻逸流动，颇得李流芳之趣。或称其法四王，则此中未能见也。

时乾隆五十九年（1794），徐鉽虚岁二十七，正值英姿勃勃意气风发之时。

此文撰成后，突然想起多年前我就已经收藏了一件徐鉽的山水屏轴。绢本青绿，署“南峰北岭多结禅栖之士，东岩西谷又是刹灵之图。西涧”。钤白文“涧上翁”和“徐鉽之印”。构图繁复而用笔简练，或为其较晚之作。但这是我较早的藏品，得自一家专营日本回流古董和书画的小拍卖行。竟得后还曾高兴了好一阵子。只是后来我越来越专注于扇面书画，把屏轴卷册都看淡了。

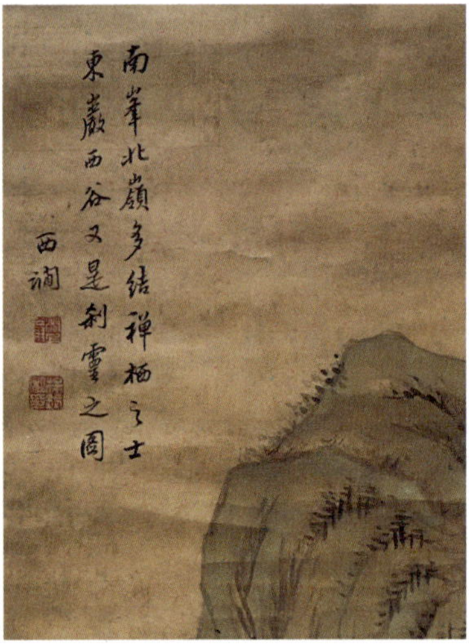

图28-2　徐西涧山水立轴款识

29 淡墨探花王文治

图29–1　王文治书法扇面

此扇诗书兼美，又可进而窥见乾隆盛期文人之间诗文书画往来交流的风流轶事。

王文治（1730—1802），字禹卿，号梦楼。乾隆二十五年（1760）探花。官翰林侍读，出为云南知府。文治为清中期之大书法家，宗董其昌，秀逸天成，专取风神。时人或以梁（同书）王并举，或与刘墉并列有“浓墨宰相、淡墨探花”之雅称。善题跋，人贵之，又与潘恭寿交好，遂有“潘画王题”之佳话。

2020年于北京嘉德得其所书诗扇一叶。上书曾燠七绝一首，文治次韵二首：

“‘阿翁词翰两如神，只有丹青让古人。补得右丞家法在，女孙画笔又无伦’。曾宾谷都转赠女孙玉燕画扇之作。‘闺中只合祀针神，谁遣烘皴仿昔人。半幅蛮笺课孙女，贫家乐事在天伦。都转诗才妙入神，顿教幼女做传人。千秋画史留佳句，只道丹青果绝伦’。次韵酬都转之作并录请梅村亲家大兄正之。梦楼弟王文治。”钤朱文连珠印“文”“治”。迎首用朱文“王氏禹卿”。

曾燠，字庶蕃，号宾谷，为两淮盐运使（时称都转），在扬州十三年，雅好文事，标举风雅，奖掖后进。他与王文治交好，赠王文治其孙女玉燕所绘之扇，并附一诗。王文治和以二首，并录于另扇以赠其亲家梅村。

图30–1　钱维乔山水扇面

博古斋网拍有一件钱维乔金笺山水扇面，欲取之而踌躇再三，花了不少精力做功课，方才下定决心。

钱维乔虽然名气身价不如乃兄钱维城，散落坊间的赝品还是蛮多的（虽然少于其兄）。早年我初涉收藏，曾入手一件钱维城山水立轴，老裱印鉴可对。乃一“挖山头”之旧仿。当时七万元购下，当场有一位浙江藏家出十五万求购，我婉拒了。后经颜明和潘君指出其作伪的证据，我才恍然大悟。此后十数年怕井绳，对钱氏昆仲的作品常常是敬而远之。

钱维乔（1739—1806）字树参，号曙川，又号竹初。武进人。乾隆廿七年（1762）举人，但此后科场不利，蹭蹬多年。工山水，所作茂密不繁，峭秀不塞，清逸有致。又工诗，有《竹初诗钞》十六卷。故钱维城称其“爱画工诗”。他的文学才华还不止于此，曾作传奇《碧落缘》（佚）、《乞食图》和《鹦鹉媒》，得好评。

钱维乔学贯古今，一生好交游，与毕涵、赵怀玉、钱大昕、袁枚、洪亮节、张惠言、赵翼以及孙星衍交往，皆一时俊杰。为生活所迫（钱维城描述为“穷愁寂落疾驱奔走”），屈身小吏，于乾隆四十四年（1779）调补遂昌县，四十七年（1782）调摄鄞县，五十三年（1788）引疾解组，得以回乡颐养天年。但是在浙江为官近十年间，特别是在鄞县的几年，他生活相对稳定，诗文书画的创作是比较丰富的。

博古斋这叶扇面题“山阁松涛。乾隆丁未（1787）夏五拟石田老人法，于堇江官舍之小林棲。钱维乔”。钤朱文“乔”。扇面中央为四株古松，虬枝苍郁盘曲，右侧有水阁二楹，其一窗前可见一人。阁前有岩，后有崖，崖后有远岑。《中国古代书画图目》收其山水十三件，与此扇画风一致。钱维乔早慧，他的画风比较稳定，不同时期的作品虽有差异，但并没有突兀的变化，其笔性是一致而具连续性的。故宫博物院收藏有他的山水扇面两叶，天津艺术博物馆藏有他嘉庆丙辰（1796）所作扇面，与眼前这件的风格相似，明显出于一人之手。

钱维乔题跋落款很认真，也比较有规律。他喜欢为作品取个标题，如《溪山无尽图》和《山阁松涛》，常常写明法云西或仿石田，较多写明作画的年月地址，重要作品落款多连名带姓，较少小品落“维乔”“乔”，极少落字号款如“竹初”。此扇面上所钤“乔”朱文印，为《中国书画家印鉴款识》所收，为1781年钱氏《仿古山水册页》所用。王季迁和孔德所编之《明清画家印鉴》也从该册页上取此印收入，并注明该册页为陈蝶野收藏。经仔细比对，两者分毫不差的为一印。

题跋中之“堇江官舍”即鄞县之县衙。“小林棲”为钱维乔于鄞县县令任上所修建之居所。他有诗记其事，其序称：“偶于廨东偏隙地构

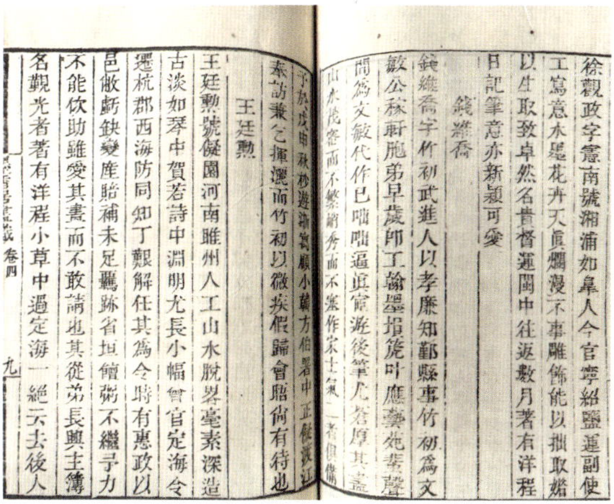
徐觀政字憲南號湘浦如皋人今官寧紹鹽運副使
工寫意木石花卉天真爛漫不事雕飾能以拙取媚
以生取致卓然名貴督運閩中往返數月著有洋程
日記筆意亦新穎可愛
錢維喬
錢維喬字竹初武進人以孝廉知鄞縣事竹初爲文
敏公稼軒胞弟早歲即工翰墨揖篪叶應藝苑蜚聲
間爲文敏代作已咄咄逼眞宦遊後筆尤蒼厚其畫
山水茂密而不繁峭秀而不寒作宋士氣一者俱備
予於戊申秋杪遊浙寓顧小韓方伯署中正值渡江
來訪兼之揮灑而竹初以微疾假歸會晤尚有待也
王廷勲
王廷勲號凝園河南睢州人工山水脫略毫素深造
古淡如琴中賀若詩中淵明尤長小幅曾官定海令
遷杭郡西海防同知丁艱解任其爲令時有惠政以
邑敝虧缺變産賠補未足羈跡省垣饘粥不繼寻力
不能依助雖愛其畫而不敢請也其從弟長興主簿
名覲光者著有洋程小草中過定海一絕云去後人
墨香居畫識　卷四　九

图30–2　《墨香居画识》选页

屋，前后五楹。庭植疏竹数十竿，以为憩息挥翰之初。因取襄阳林棲居士竹句，颜之曰小林棲，并记以诗。”他十分喜爱此处，并为之添加花木，为文吟诗作画。如“小林棲赏梅，分韵得竹字”“竹初爱梅如爱竹，手移陈根种绕屋。退衙不得友高人，欲借香风散尘俗。草堂初成梅始蕊，主人出门尘仆仆”。又有“小林棲轩后罂粟盛开，偶记以诗”一首，并附记“去岁范菊翁予此种”，“种罂粟需粪土乃茂”，“花开红紫各数种，极绚烂而白者只二本”。此外还有《四月十五日夜独坐小林棲玩月作》《小林棲盆兰盛开，同人小集，分韵得惠字》一首和《咏小林棲盆兰》一首。他所作传奇《乞食图》，有“小林棲刊本”，署“林棲居士填词”。以上见杜玄图等点校的《钱维乔集》。

做完功课，委托朋友代拍，颇为顺利地拿下了这叶钱维乔扇面。博古斋与朵云轩虽属同一集团，由于以古籍为主业，书画拍卖到底不如朵云轩。

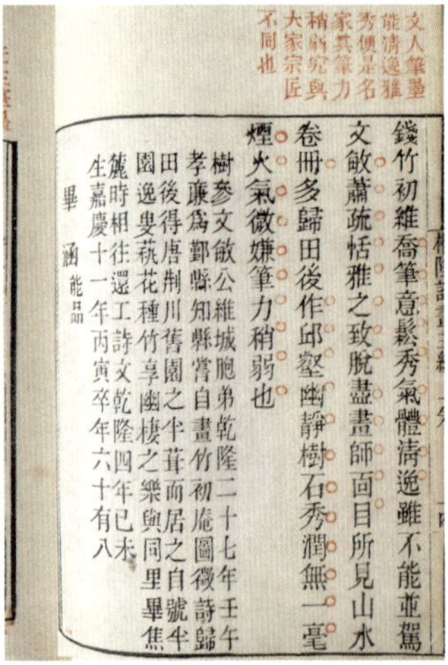
文人筆墨能清逸雅秀便足名家其筆力稍弱究與大家宗匠不同也

錢竹初維喬筆意鬆秀氣體清逸雖不能並駕文敏蕭疏恬雅之致脫盡畫師面目所見山水卷冊多歸田後作邱壑幽靜樹石秀潤無一毫煙火氣微嫌筆力稍弱也

樹參文敏公維城胞弟乾隆二十七年壬午孝廉爲鄞縣知縣嘗自畫竹初庵圖徵詩歸田後得唐荆川舊園之半葺而居之自號半園逸叟蒔花種竹享幽棲之樂與同里畢焦麓時相往還工詩文乾隆四年己未生嘉慶十一年丙寅卒年六十有八

畢涵 能品

图30–3 《桐荫论画》选页

31 李秉德供奉内廷

图31-1　李秉德山茶梅花扇面

图31-2　款识

2019年初于种芸山馆得李秉德山茶梅花扇面一叶。于是开始关注李秉德。

《中国美术家人名辞典》有以下记载：“李秉德（1737—1810）字蕙纫，号涪江。自称龙池山人，吴县人。以诸生献画供奉内廷充四库馆謄录，议叙得官盐场。工花卉翎毛……亦善山水。”

献画皇上却“充四库馆謄录”，未免有点窝囊，也有点奇怪。又查了《墨香居画识》，才知道他应该是先“供奉内廷”画画，后“以丁艰归里服阕后”再赴京师，也许画画的位置没了。但他小楷写得不错，就进四库馆充当了“謄录”。不久又因为表现不错，被“议叙”得了盐场的官位，在京候铨。

《墨香居画识》的作者冯金伯，写书注重自己的经历而不那么依赖文献。书中人物或是他本人认识的，或是通过其朋友听过介绍、见过其作品的。李秉德有一位同乡曾廷栋，也在四库馆工作，后来也“议叙分发浙江候补主簿”，两人的经历相似，关系不错。后来曾廷栋遇到冯金伯，向冯出示了李秉德画的“牡丹石榴各一幅”，称“疏老秀逸，迥非寻常画工所能仿佛”。于是李秉德才进了中国美术史的文献库，避免了众多画师画技不错但被湮灭的命运。

中国画学另一本著作《墨林今话》的作者蒋宝龄的写书目的和方法与冯金伯颇有几分相似，很重视书写的主观感受和细节。他记录了李秉德后来退休还乡后“葺别业于支硎山毓秀桥畔，矮屋数椽，隙地半亩，莳花种竹……有海棠一株，花时极盛……”他终于过上了古代读书人理想的生活，“晚年放笔为写意花鸟，尤具苍秀之致”。

此扇作于“辛亥夏日”，为乾隆五十六年（1791），正好可以归入清代中期的作品。此时李秉德五十刚出头，幸福的晚年还刚刚开始，画风仍近院体，未能完全摆脱宫廷画师的习气，处于“赋色鲜丽”与“疏老秀逸”之间，还不是典型的晚年的风格。

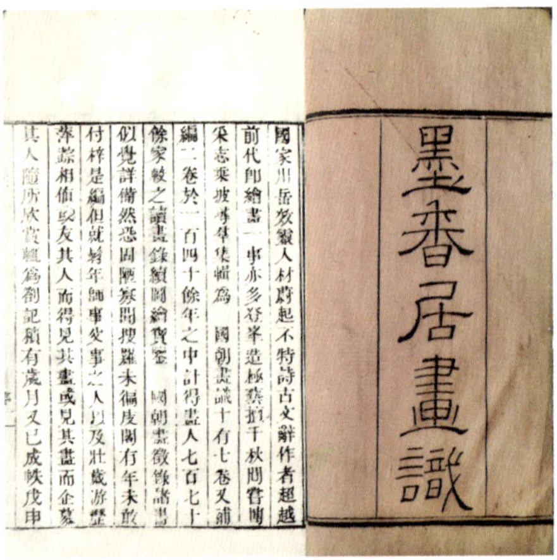
墨香居畫識

國家川岳效靈人材蔚起不特詩古文辭作者超越
前代即繪畫一事亦多登峯造極類拔千秋間嘗博
采志乘披尋集幅爲　國朝畫識十有七卷又補
編二卷於一百四十餘年之中計得畫人七百七十
餘家較之讀畫錄續圖繪寶鑑　國朝畫徵錄諸書
似覺詳備然恐固陋寡聞搜羅未徧度閣有年未敢
付梓是編但就髫年師事交事之人以及壯歲游暨
萍蹤相值與友其人而得見其畫或見其畫而企慕
其人隨所欣賞輒爲劄記積有歲月又已成帙戊申

图31-3　《墨香居画识》内页

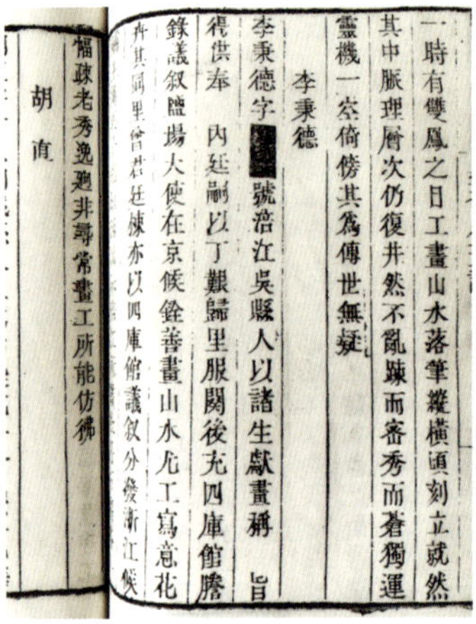
一時有雙鳳之目工畫山水落筆縱橫頃刻立就然
其中脈理層次仍復井然不亂疎而密秀而蒼獨運
靈機一空倚傍其爲傳世無疑

李秉德

李秉德字[illegible]號浯江吳縣人以諸生獻畫稱　旨
得供奉　內廷嗣以丁艱歸里服闋後充四庫館謄
錄議叙鹽場大使在京候銓善畫山水尤工寫意花
卉其同里曾君廷棟亦以四庫館議叙分發浙江候

幅疎老秀逸迥非尋常畫工所能彷彿

胡直

图31-4　《墨香居画识》选页

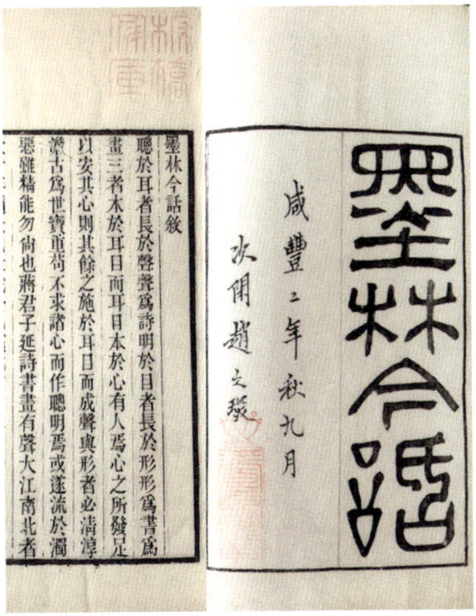
墨林今話敘
聽於耳者長於聲聲爲詩明於目者長於形形爲書爲
畫三者本於耳目而耳目本於心有人焉心之所發足
以安其心則其餘之施於耳目而成聲與形者必淸淳
瀞古爲世寶重苟不求諸心而作聰明焉或遂流於濁
惡雖精能勿尙也蔣君子延詩書畫有聲大江南北者

墨林今話
咸豐二年秋九月
次閑趙之琛

图31-5 《墨林今话》内页

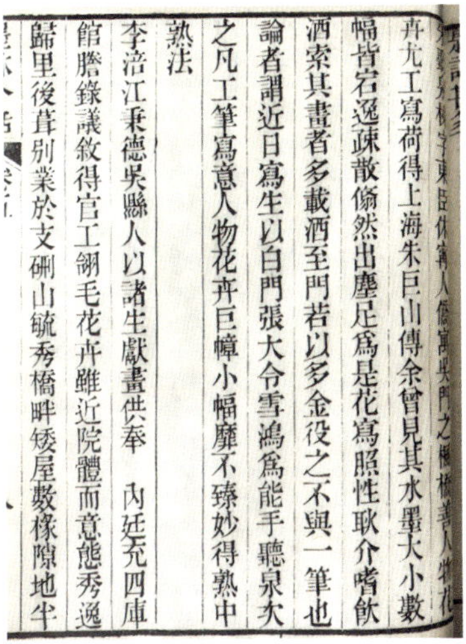
卉尤工寫荷得上海朱巨山傳余曾見其水墨大小數
幅皆宕逸疎散脩然出塵足爲是花寫照性耿介嗜飲
酒索其畫者多載酒至門若以多金役之不與一筆也
論者謂近日寫生以白門張大令雪鴻爲能手聽泉亦
之凡工筆寫意人物花卉巨幛小幅靡不臻妙得熟中
熟法
李涪江秉德吳縣人以諸生獻畫供奉 內廷充四庫
館謄錄議敘得官工翎毛花卉雖近院體而意態秀逸
歸里後葺別業於支硎山毓秀橋畔矮屋數椽隙地半

图31-6 《墨林今话》选页（1）

此扇面为洒金粉笺，也许也用了点蜡，或可称之为粉蜡笺，疑为宫制。对于一直关心各种加金笺扇的我，又增加了魅力。

注：支硎山在苏州西郊，以晋高士支遁号支硎得名，俗称观音山。明代陆治绘有《支硎山图》。

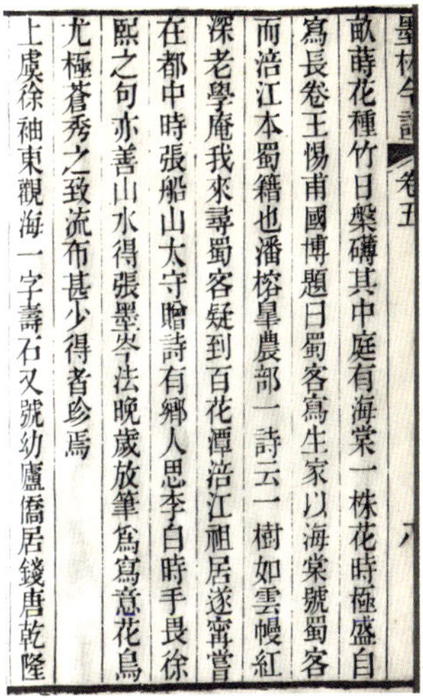
墨林今話 卷五
畝蒔花種竹日槃礴其中庭有海棠一株花時極盛自
寫長卷王惕甫國博題曰蜀客爲生家以海棠號蜀客
而涪江本蜀籍也潘榕皐農部一詩云一樹如雲幔紅
深老學庵我來尋蜀客疑到百花潭涪江祖居遂寓菅
在都中時張船山太守贈詩有鄉人思李白時手畏徐
熙之句亦善山水得張墨岑法晚歲放筆爲寫意花鳥
尤極蒼秀之致流布甚少得者珍焉
上虞徐袖東覲海一字壽石又號幼廬僑居錢唐乾隆

图31-7 《墨林今话》选页（2）

32 钱泳书扇

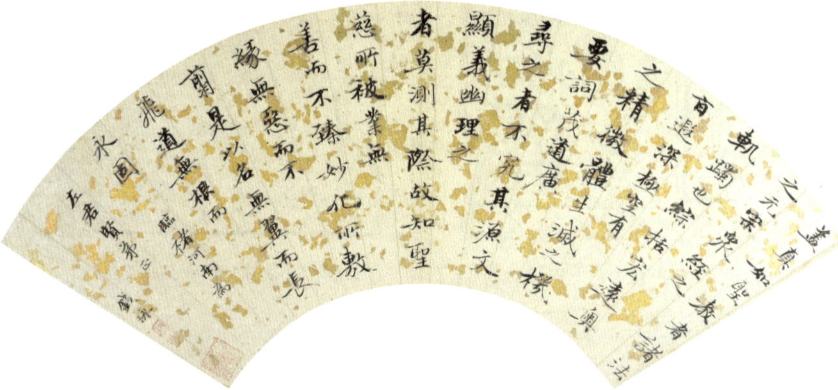

图32-1　钱泳书法扇面

钱泳（1759-1844），字立群，号梅溪，金匮人。似无功名，为布衣，曾客游毕秋帆幕中，以才艺称。工篆隶，精镌刻，手摹缩本汉唐诸碑，并钩勒法帖，多至百数十种，颇为人所重。其后扬州某人得其残石数十种，俞樾倡言出白金百两，购而嵌之杭州诂经精舍之壁。亦工画，作山水小景，疏古淡远。能诗，《清画家诗史》戊下收三首，长歌一绝句二，兹录后者：

昔年踏雪过南园，古寺斜阳草木繁。
唯有老梅名瘦鹤，一枝花影依颓垣。
相国门庭感旧知，满头冰雪最相思。
偶然留得和羹种，曾听前朝话雨时。

颇清新可诵，尚有唐人意致。

钱泳与吴门潘世璜过从甚密。《须静斋云烟过眼录》中记下了诸多逸事，如：

> 庚午（嘉庆十五年 1810）四月十八日“……钱梅溪来……同观明韩汝玉书华严经，梅溪同题款其上”。
>
> 甲戌（嘉庆十九年 1814）十二月十一日“……偕梅溪泛舟山塘，重观元僧继公血书华严经，属梅溪分书题名于后”。
>
> 同年同月二十日“从梅溪借观元拓本淳化阁帖十卷，末有元袁仲长寓斋二印……梅溪以十二金得之扬州者，洵佳本也”。
>
> 同月二十四日“梅溪携示赵松雪书圆觉经刻本上下两本，后有松雪自跋，为追荐管夫人书”。
>
> 同月二十六日“梅溪来见尤西堂遗照，科头坐磐石上，观童子垂钓图”。

由此可知钱泳精鉴赏，富收藏，书法亦为人所推许，方能在潘家切磋交流，并于名迹古物后题写观款。

我藏有他扇书一页，乃“雨夹雪”金笺上临褚遂良，楷书而带行意，端丽秀雅，品相完好，为沪上叶露渊老先生旧藏，乃 2018 年上海工美秋拍亮相时我委托朋友上场竞拍而得。

恬淡旷适王学浩

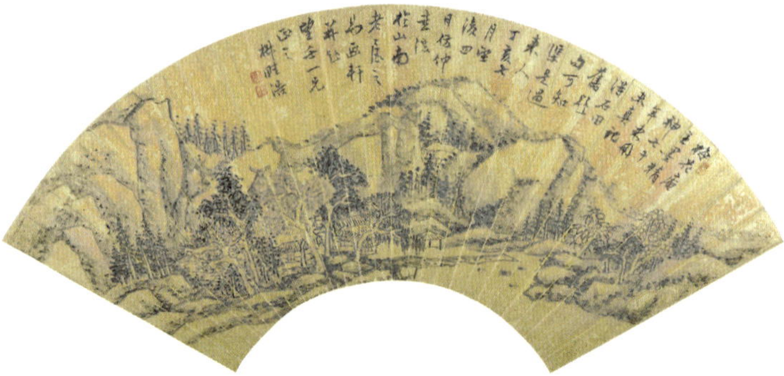

图33-1　王学浩山水扇面

王学浩（1754—1832），昆山人，字孟养，号椒畦。乾隆五十一年（1786）举人。恬淡旷适，绝意干禄，故得长寿，享林下诗酒书画之乐。山水得王原祁正传，中年兼涉写生，赋色极淡，自言“略得元人苍古之趣”。晚年专用破笔，雄浑苍老，脱尽窠臼。通画理，有《山南论画》。于书无不工，篆隶古劲，直接秦汉；真书从欧入褚，晚探二王之秘；行书得“瘞鹤铭”笔意，坚苍浑厚，自成一家。工诗，有《学圃诗钞》。《清画家诗史》录其绝句二首。

其一为《题石谷子山水》：

寥寥数笔写荒率，此艺知音自古难。
意到何妨笔不到，偏于笔外耐人看。

其二为《赠蒋霞竹》：

天借清寒铄此才，澹于黄菊瘦于梅。
盐齑一味供吟兴，嚼出宫商角徵来。

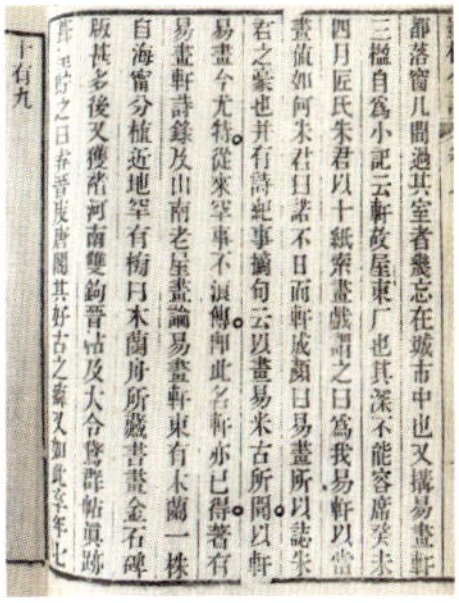

图33-2 《墨林今话》选页（1）

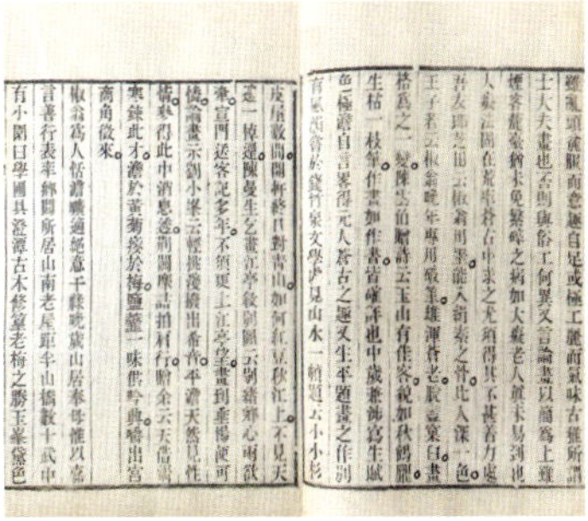

图33-3 《墨林今话》选页（2）

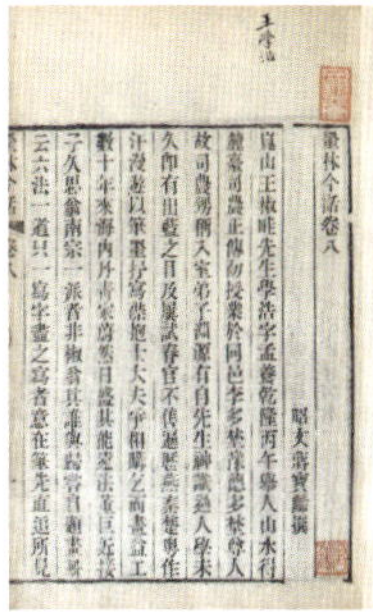

图33-4 《墨林今话》选页（3）

我曾藏有他一幅中堂绢本，设色山水，苍茫幽深，装在一老红木圆角镜框内，悬于旧居客厅多年，十分喜爱。后因搬家失去，颇为怀念。近从朵云轩网拍得其一叶金笺折扇面，与前画格局气势相近而以小当大，得慰我心。上题：“梅花庵主墨精神，七十年来用未真。记得石田旧题句，可知俱是过来人。丁亥（道光七年，1827）七月望后四日，仿仲圭于山南老屋之易画轩并题。望壬兄正之。椒畦浩。”钤“王学浩印”等白文小印。题中诗亦自作，画仿元人吴镇，且引沈周为知音，自谦中又有些许自得。此扇为椒畦晚年之作，得当“雄浑苍老”四字。其为陆树基旧藏，曾入上海博物馆（入库编号：丂 67349/2）。

山南論畫

崑山王學浩椒畦著

華亭張祥河詩舲訂

作畫第一論筆墨古人云乾濕互用麤細折中筆之謂也用筆有工處有亂頭麤服處至正鋒側鋒各有家數倪高士黃大癡俱用側筆及山樵仲圭俱用正鋒然用側者亦間用正用正者亦間用側所謂意外巧妙也用墨之法忽乾忽濕忽濃忽澹有特然一下處有漸漸積成處有

山南論畫　一

图33-5 《四铜鼓斋论画集刻》选页（1）

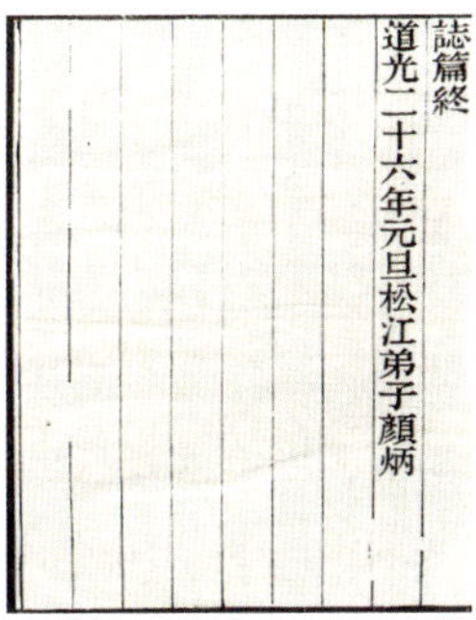

誌篇終

道光二十六年元旦松江弟子顏炳

图33-6 《四铜鼓斋论画集刻》选页（2）

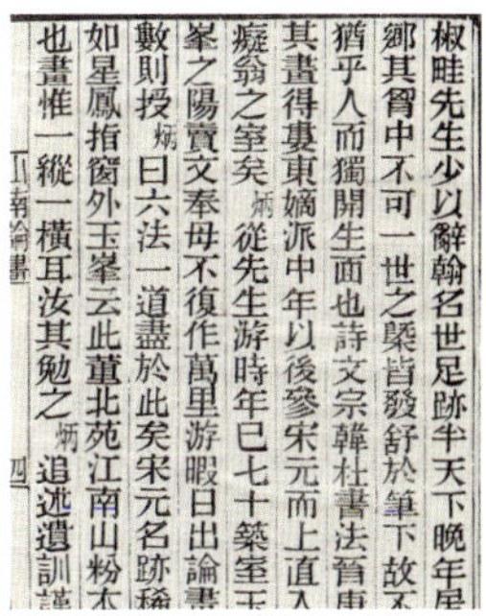

椒畦先生少以辭翰名世足跡半天下晚年居鄉其胸中不可一世之槩皆發舒於筆下故不猶乎人而獨開生面也詩文宗韓杜書法胷東其畫得婁東嫡派中年以後參宋元而上直入癡翁之室矣炳從先生游時年已七十築室玉峯之陽賣文奉母不復作萬里游暇日出論畫數則授炳曰六法一道盡於此矣宋元名跡稀如星鳳指窗外玉峯云此董北苑江南山粉本也畫惟一縱一橫耳汝其勉之炳追述遺訓謹

山南論畫　四

图33-7 《四铜鼓斋论画集刻》选页（3）

图33-8　颜炳山水团扇

题中之易画轩，王学浩曾为之作小记：“轩故屋东厂也，其深不能容客席。癸未（道光三年，1823）四月，匠氏朱君以十纸索画。戏谓之曰：‘为我易轩以当画值如何？’朱君曰：‘诺’。不日而轩成。颜曰‘易画’所以志朱君之豪也。”并有诗记事：“以画易米古所闻，以轩易画今尤特。从来罕事不浪传，即此名轩亦已得。”轩东有木兰一株，自海宁分植也，近地罕有。榜曰“木兰舟”。道光年间王学浩已享大名于世，他与蒋宝龄有忘年之交，前引王氏诗赠蒋霞竹者，即蒋宝龄，所以《墨林今话》中关于王氏的记叙特别详细，且读来生动有趣，音容笑貌宛在眼前。

王学浩有入室弟子颜炳。颜炳，字朗如，号少文，松江人，善山水工篆刻。入王氏门下时，椒畦已七十。道光廿六年（1846）曾作老师小传，以托追思。张祥河辑刊《四铜鼓斋论画集刻》收王学浩《山南论画》，附录颜炳所作小传于其后。颜氏仰望其师，其书写的角度，与蒋宝龄又不相同。兹附书影其下，以飨读者诸君。

箧中检出颜炳水墨山水团扇一叶，苍劲不及乃师，然而清雅不俗，颇可玩赏。

34 渊雅静穆顾西楳

图34-1　顾洛《竹溪六逸图》扇面

图34-2　扇面局部

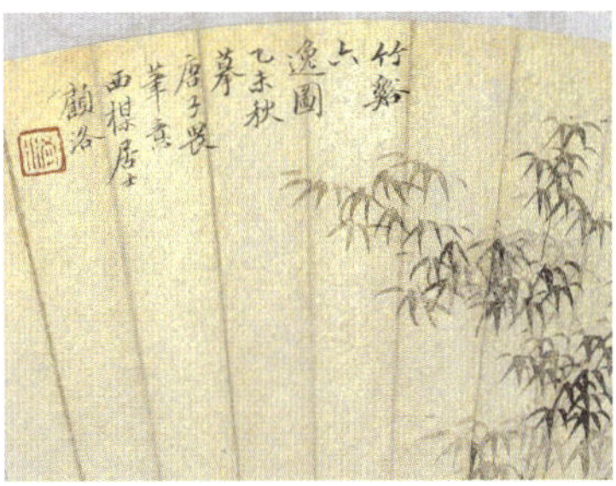

图34-3　款识

图34-4　顾洛人物图轴

当年写《四任传人》，想收一张任熊的扇面，久而未得。退而求其次，找一张他的画，无论屏轴册页皆可，亦不得。最后买了一本咸丰年间的刻本《剑侠传》，算是他的版画，骗骗自己。后来读《墨林今话》，蒋宝龄说近世画人物，唯顾西楳、任渭长入他的眼。于是又买了一张顾洛的《两袖清风一琴一鹤图》，绢本小立轴，果然画得好。得寸进尺，又想买一张他的扇片。这样一想就过了十几年，最近才从华艺国际得偿夙愿。

这是一叶金笺，作《竹溪六逸图》。上题："竹溪六逸图。乙未（道光十五年，1835）秋摹唐子畏笔意。西楳居士顾洛。"钤朱文小印"洛"。画面中六个人或仰首过小桥（有点危险），或持杖徘徊，或席地垂纶，或低头阅册，或一旁陪坐，神态举止各异，颇为生动。品相也几近完美。为之心洽意得，三日不离左右。

顾洛（1763—？），字禹门，号西楳，钱唐人。写古人衣冠渊雅静穆，与奚冈、张莘及汪用成友善。秦祖永则称顾洛曾师从张莘，并曾为之代笔。三人同居杭州，汪用成有云峰晚翠楼，庋藏书画，他们觞咏其间。顾洛画未尝重其稿，迥异于近现代那些不惮多次重复自己的大师。顾洛亦未尝授一弟子，不像当代广收门徒的所谓"大师"，能不衫不履端坐接受弟子跪拜磕头。

35 红茵馆主胡三桥

图35-1　胡三桥仕女扇面

图35-2　扇面局部

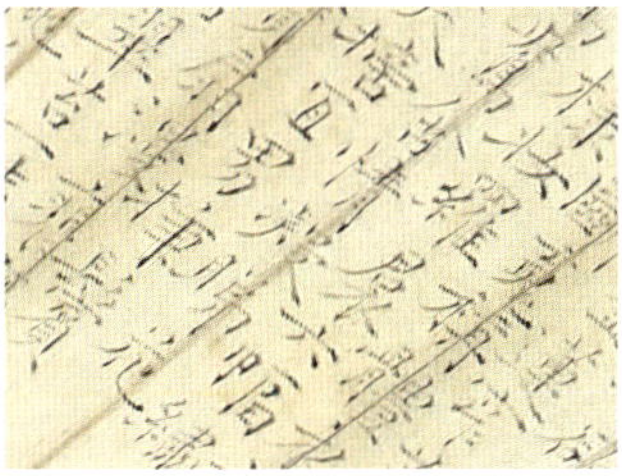

图35-3　题款

晚清画家擅仕女者颇多。改费而外，我喜欢胡三桥。三桥名锡珪（1839—1883），苏州人。幼习丹青，有天赋，落笔便有致。史称花卉学恽南田，人物学华喦，工仕女，水墨白描尤静雅。或称其曾私淑改琦，然三桥笔于改七芗亦不遑多让。于书法用力亦勤。惜早夭，未能展其所长。

图35-4　胡三桥山水人物屏条

我于世纪之交得其一设色山水人物屏条，画一叶轻舟载二人行于水云之间柳荫下。一士人黑幞头白长衫背坐船头，一茜襦白裙女子与之相对，姿态悠然自若。上题：“菱花菱叶复水平，满溪都唱采菱声。红颜女儿摇小艇，却似菱花镜里行。三桥画。”钤“三桥诗画”白文。画既工致灵动，书亦平淡天真，极可爱。当时有某大拍卖行老板偕夫人来观，并求出让，不应。唯以二十年来未得其一扇为憾。

庚子秋，我终于得偿夙愿，于朵云轩得其白描仕女扇面一，乃陆树基旧藏，并有其细楷题跋。画一清代汉族女子着衫裙立于石前花下。双题，左上以楷书录绝句三首：

其一：

寂寂园亭深闭门，
兰闺罢绣欲黄昏。
行来踯躅金莲窄，
芳草如知合断魂。

其二：

称体衣袍时样妆，
罗裙六幅绣鸳鸯。
含情凝睇花间立，
笑摘宜男插鬓旁。

其三：

轻摇宝扇漫□□（二字漫漶不清），
贴地弓鞋点翠苔。
一抹斜阳春色里，
桃花红映美人腮。

三桥稿。钤白文“珪”。右上题：“壬午（1882）春三月奉小松仁兄大人清拂，胡锡珪。”钤朱文“三桥”。此扇疑为三桥早年之作，留为自用，兼作粉本。壬午年他或已病，故以此旧作加题应人之请。

由上引画屏所钤“三桥诗画”之印及画扇落款“三桥稿”可知三桥能诗，且此一屏一扇所题之诗俱为其自作。三桥能诗史所不载，《清画家诗史》亦不入。此处所录四首诗可补其生平史料之不足。

胡锡珪画史所载不多，但存世作品不少，赝品也很多。故宫博物院和上海博物馆各藏有其画多件，其他地方博物馆亦有其作品。这些藏品经谢稚柳、启功等鉴定，可作辨伪之参考。

36

气味静穆张叔渊

图36-1　张叔渊山水扇面

图36-2　扇面局部

图36-3　款识

曾于种芸山馆得张深一开设色山水册页，颇雅洁。题曰：“数峰苍蔼湿斜阳，老树疏篁间草堂。隔浦平沙洲何许，西风吹雁下横塘。安蔬草堂主人叔渊张深画。”钤“京口里人”。文辞清朗，字亦隽秀。置箧间多时，并未重视。

近日又于朵云金秋季拍见张深一扇面，画得更为清雅秀丽。画面一抹远山极淡，一江横亘；沙洲四五斜出，上有绿篁；近景为屋舍丛树，一舟泊于杨柳岸边，一女子出舱坐船头，执洞箫横吹。女子窄袖粉衫白裙，高髻，楚楚动人。上题："铁仙三兄大人雅正。愚弟张深。"钤朱文"叔渊"。

归来翻检画史，方知作者乃京江画派之首张崟之子。张深这两件作品确实也称得上是京江派杰作。看来我有些失敬了。遂于窗前暖阳下细读画史，查找与张深有关的记载。

张深，字叔渊，号茶农，丹徒人。嘉庆十五年庚午（1810）解元，曾官广东新宁知县和潮州府大浦知县。早年他曾入京城馆于藩邸十余年，得以赏析临摹很多古人书画。他的祖父张自坤精鉴赏、富收藏，亦能作画，父亲张崟更是一代宗师，所以他画传家学，工花卉，尤擅山水。他在北京时寓琉璃厂。颜所居曰："槐根小筑。"其室临街，车声杂沓，但他灯下作画，更深无倦。如遇名迹，必数摹，得其精髓而后止。故其作气味静穆，笔意深厚。《墨香居画识》将张深的记载附于张崟之后，说明较早时享盛名的父亲对儿子之影响。较后的《桐阴论画》和《墨林今话》都把张深单列，可知其时张深已具有自己的风格和独立的地位。冯金伯称其"得宋人意"；秦祖永将其作归为"神品"；蒋宝龄则记录了"朝鲜使者金秋史特重其迹，每以厚价购之"。并称其"多小册"，偶见直幅。

张深亦工诗，有《悔昨斋诗录》。《清画家诗史》入其诗七，俱为题画之作。兹录两首如下。

题画：

> 七年不作金陵梦，又为诗人画板桥。
> 近日白门秋气早，六朝遗柳气萧萧。

自题槐根小筑图：

十见槐花黄，十见槐花绿。
十年此间住，可吟亦可读。
随意写青山，粗了馕与粥。
一行作吏去，退此将走俗。
浮屠桑不恋，矧我十年宿。
天涯宦海宽，旧梦何时续。

按此图秦祖永曾见过。此图及题诗说明张深南下作县令在居京城之后。

张深存世作品尚多。《中国古代书画图目》仅记北京工艺品进出口公司有一件《龙泉庵图》手卷，作于道光四年甲申（1824）。劳氏《中国古代书画鉴定实录》则记录了包括上述《龙泉庵图》在内的十一件。其中苏州博物馆藏《临顿新居图》卷，有英和题引首，潘亦隽、潘世恩、吴嵩梁、张祥和、黄钺、许乃普、祁隽藻等二十余人题跋，这些人俱为当时雅人名士。

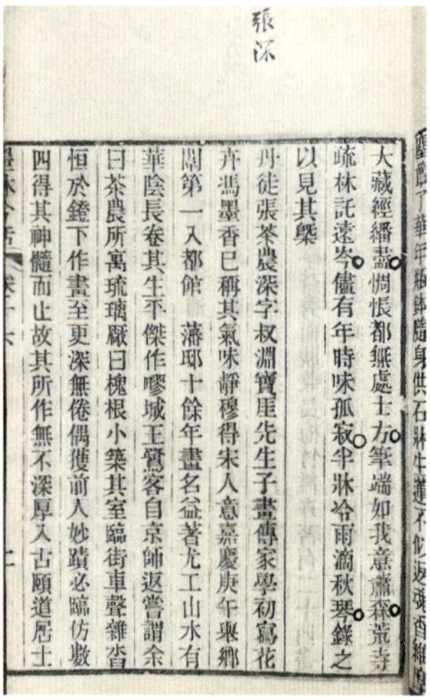
張深

大藏經繙盡惆悵都無處士方筆端如我意蕭森荒寺疏林託遠岑儘有年時味孤寂半牀冷雨滴秋琴錄之以見其槩

丹徒張茶農深字叔淵寶厓先生子畫傳家學初寫花卉嫣墨香已稱其氣味靜穆得宋人意嘉慶庚午舉鄉闈第一入都館 藩邸十餘年畫名益著尤工山水有華陰長春其生平傑作嘐城王鷺客自京師返嘗謂余曰茶農所寓琉璃廠曰槐根小築其室臨街車聲雜沓恒於鐙下作畫至更深無倦偶獲前人妙蹟必臨仿數四得其神髓而止故其所作無不深厚入古願道居士

图36–4　《墨香居画识》选页

海上名士瞿子冶

图37-1　瞿子冶墨兰扇面

此叶瞿子冶《烟雨图》曾为陆树基（1882—1979）收藏。陆氏字培芝，号固庐，斋名宝史斋。精篆刻，有《固庐治石弆册》《陆培之印存》存世。喜收藏，辑有《宝史斋古印存》。此扇面裱头上有陆氏于"甲申（1944）春正月"用细楷录《墨林今话》中瞿子冶事迹近二百字。另有上海博物馆入库号"丂 67351/2"。

瞿子冶（1780—1849），名应绍，号月壶，另有陛春、瞿甫、老冶等字号，更有毓秀堂、香雪山仓、二十六花品庐和玉垆三涧雪词馆等斋名。道光贡生，官至玉环同知，然素薄宦情；风雅潇洒，多才多艺，名噪吴淞，为海上名士。

他诗才清逸，似南宋人。著有《月壶草》一卷。《清画家诗史》载其《题画兰》一首：

天寒恻恻殢罗屏，小有风来梦未醒。
唤起湘人看湘月，一声流水隔琴听。

他又富收藏、精鉴别、擅题跋。有《月壶题画》。喜植菖蒲，罗列盆瓶皆雅器，位置精严。

他擅篆刻，又精于刻壶。世人多盛称陈鸿寿与杨彭年合作制壶，不知子冶亦精此道，不输曼生。砂胎锡壶中柄上有彭年印记者，多为子冶起稿并手刻。曼生掠美，虽不知情。子冶手制之壶有粗细两种。粗砂者特工致；细砂者多画竹，寥寥数笔；制更古朴（见《海上墨林》）。

他书画俱师恽草衣。最善画竹，浓淡疏密，错落有致。早年我曾得其一柄画竹成扇，不明其妙处，未加珍惜，不知何时失去。

子冶亦工兰柳，近幸获其一叶纸本墨兰扇面，于石隙水边以湿笔淡墨，得淋漓朦胧之趣，别出心裁，与众家面目迥然不同。题："烟雨图。子冶。"钤圆朱文"芬芳悱恻"。他笔墨不自矜惜，随作随弃，概不留稿。因此虽然他在世去今不远，但存世之作不多，值得珍视。

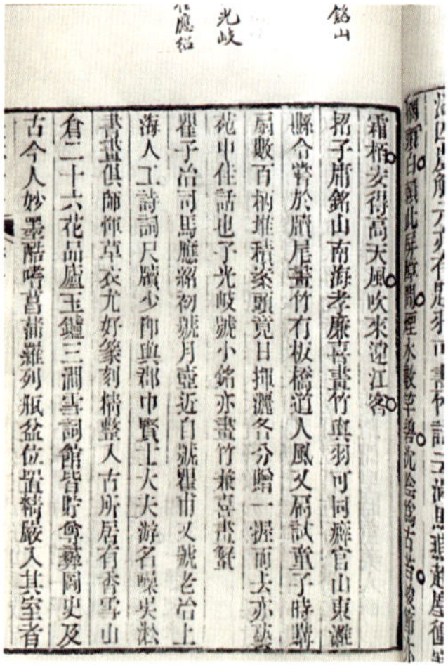
銘山
光岐
應紹
霜柝安得高天風吹來迎江客
招子庸銘山南海孝廉善畫竹與羽可同稱官山東濰
縣令嘗於廨居畫竹有板橋道人風又扇試畫子時騎
扇數百柄堆積案頭竟日揮灑各分贈一握而去亦藝
苑中佳話也子光岐號小銘亦畫竹兼喜畫蟹
瞿子冶司馬應紹初號月壺近自號瞿甫又號老冶上
海人工詩詞尺牘少即與郡中賢士大夫游名噪吳淞
書畫俱師惲草衣尤好篆刻精整入古所居有香雪山
倉二十六花品盧玉鑪三澗雪詞館皆貯彝鼎圖史及
古今人妙墨酷嗜菖蒲羅列瓶盆位置精嚴入其室者

图37-2 《海上墨林》选页（1）

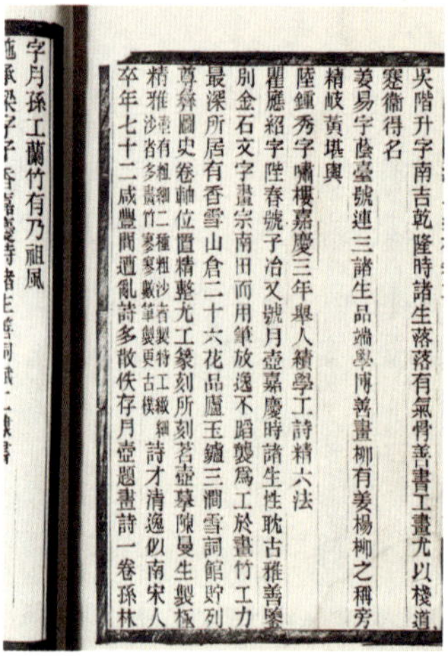
吳階升字南吉乾隆時諸生落落有氣骨善書工畫尤以棧道
蹇衛得名
姜易字蓉臺號連三諸生品端學博善畫柳有姜楊柳之稱旁
精岐黃堪輿
陸鍾秀字嘯樓嘉慶三年舉人積學工詩精六法
瞿應紹字陛春號子冶又號月壺嘉慶時諸生性耽古雅善鑒
別金石文字畫宗南田而用筆放逸不蹈襲爲工於畫竹工力
最深所居有香雪山倉二十六花品盧玉鑪三澗雪詞館貯列
尊彝圖史卷軸位置精整尤工篆刻所刻茗壺摹陳曼生製極
精雅壺有粗細二種粗沙者製特工緻細沙者多畫竹寥寥數筆製更古樸詩才清逸似南宋人
卒年七十二咸豐間遭亂詩多散佚存月壺題畫詩一卷孫林
字月孫工蘭竹有乃祖風

图37-3 《海上墨林》选页（2）

书生本色张祥河

图38-1　张祥河水仙扇面

我有一叶张祥河水仙扇面，也是那位扬州的朋友友情转让的。张祥河（1785—1862），号诗舲，娄县人，张照从孙，嘉庆廿五年（1820）进士，官工部尚书，谥温和。尝客京师董诰邸，与袁沛、周凯一起讲求画艺。曾充《大清会典》绘图。嘉庆六十大庆，张祥河进献《庚辰万纪图》诗画册。有《四铜鼓斋论画集刻》存世。张祥河在中国美术史上算不上是大师或大名家，但他出身名门，身居高官，擅诗文，能书画，其作品还是不少收藏家们的追寻目标。《桐荫论画》将其列为“能品”，秦祖永称其“老笔披纷，极乱头粗服之致。先生画

此扇面乃雨金笺，全品老裱。上题“鹤溪仁兄属画，戊申（1848）春仲诗舲弟祥河”，钤“老舲”朱文小印。

虽粗豪，而笔端气韵，仍是书生本色”。在我看来，把他的画列为“能品”并不恰当。“能品”多指画技纯熟气韵不足之作。张氏画技一般，身份不一般，其气质学养从笔底自然流露，赋予其作品清新儒雅的气息。当下不少藏家追慕文人画。何谓文人，何谓文人画？细读诗舲之作当可领悟一二。

此扇面我颇觉眼熟，多年前应在某藏家之图录中见过。当时就一见心动。想不到有缘入手，且品相完好，略无遗憾。审美是主观的，这才有人弃我取的现象发生。

张祥河存世画作不多。《中国古代书画图录》仅收录一件，还是当时济南市文物商店库房中的物件，为《饯书图》纸本手卷，作于道光五年（1825）。画心部分仅 76 厘米 ×33.3 厘米一截，两平尺多一点点。画得略显工谨，不如我这件扇面生动有趣。当然，茫茫人海，现在也不知花落谁家了。

张祥河曾辑刊《四铜鼓斋论画集刻》，为清人论画丛书，所选皆佳构，所取底本亦佳。我仅得其零本一册，乃道光廿六年（1846）华亭张氏刊本四册之末册，收《传神秘要》《山静居画论》等四种。是刊字口清晰，墨色黝黑，或为初刻初印本。

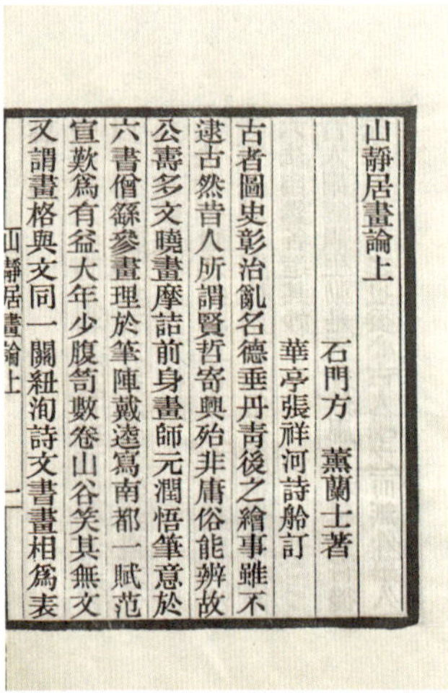
山靜居畫論上
石門方　薰蘭士著
華亭張祥河詩舲訂
古者圖史彰治亂名德垂丹青後之繪事雖不
逮古然昔人所謂賢哲寄興殆非庸俗能辨故
公壽多文曉畫摩詰前身畫師元潤悟筆意於
六書僧繇參畫理於筆陣戴逵寫南都一賦范
宣歎爲有益大年少腹笥數卷山谷笑其無文
又謂畫格與文同一關紐洵詩文書畫相爲表
山靜居畫論上　一

图38–2　《四铜鼓斋论画集刻》选页

莫瞻菉与姚元之师生情谊

图39-1　姚元之群蝶团扇

2019年从嘉兴一位企业家手中得一册八开团扇，上款人为莫瞻菉，其中三页是署款自称门生的姚元之画的。莫瞻菉（1743—1813），字青友，号韵亭，河南卢氏人。莫元龙之子。乾隆三十五年（1770）进士，授编修，累官江南道监察御史，两浙会试副主考，礼部左侍郎内阁学士，刑、工、兵部右侍郎，兼顺天府尹。为官清正，颇具政声。

姚元之所作三页之一为群蝶图，极工细，应为其早年之作。款亦端谨。题曰："韵亭老夫子命画，门生姚元之。"钤朱文"姚元之"，左下花押"姚"。

其二为山水，款字为小篆："云岫松风。韵亭夫子大人鉴，门生姚元之。"印同上。此页

姚元之（1773—1852）

字伯昂，号荐青，又号竹叶亭生，晚号五不翁，桐城人。

嘉庆十年（1805）进士，官左都御史。精隶法，工于曹全碑，与桂馥稍异。行草精妙。善白描人物，尝摹赵孟頫罗汉十六尊。黄钺叹为今人不让古人。所绘花卉，不落窠臼，亦可与恽、华争胜。著《竹叶亭纪诗稿》。秦祖永推其画为"逸品"，称其为"近时士夫中之翘楚"。

图39-2　姚元之山水团扇

图39-3　莫瞻菉题姚元之画桃花团扇

或稍迟于上叶。

其三为月下桃花图，题曰："桃花锦浪柳溪烟。一櫂香气半夜天。悟向源头惟指月，疑从洞口又逢仙。韵亭夫子大人题，门生姚元之画。"钤白/朱"元""之"连珠印。可知题诗为莫瞻菉所作。左侧又有戊辰（1808）夏五雨薌章诞观款。

另五开俱为设色山水。其中王惟馨二页，俱署戊辰年款。王氏为歙县人，工山水，仿名家能酷肖。

陈镛一开。陈镛，字涤晴，武进人，毕涵弟子，山水法王原祁，得其神趣。此亦作于戊辰。

胡九思一开。胡氏吴县人，工山水兼文董两家。

吴鼒一开。吴氏（1755—1821），字山尊，全椒人。嘉庆四年（1799）进士，官侍讲学士。兼工山水人物花卉，善书，工骈体文。

此八开应该都作于1808年或之前。姚元之三开应更早一些。

我猜测莫瞻菉暇时喜持团扇，常命身边能画者为之。吴鼒称莫为年伯，自称侄，则其父辈中有人与莫为同年，莫、吴两家应为世交，而吴鼒为晚辈。

图39-4　王惟馨山水团扇（1）

图39-5　王惟馨山水团扇（2）

莫瞻菉或特别赏识姚元之，故姚画占此册近半，其中一页还有老师专门为之题诗一首。姚元之三页画也殚精竭虑、用足心思，由此可见两人之师生情谊。

图39-6　陈镛山水团扇

图39-7　胡九思山水团扇

图39-8　吴鼒山水团扇

赵之琛和顾洛的合作扇

图40-1 赵之琛和顾洛的合作扇

赵之琛（1781—1860）

字次闲，号献夫，钱塘诸生。邃于金石之学，名列西泠八家。

顾 洛（1763—？）

字禹门，号西楳，钱唐人。于画无所不能，尤擅仕女和古衣冠。

我有一叶赵之琛和顾洛的合作扇，我视若拱璧。古代文人画家，有两人或多人合作于一扇之习俗。或争奇斗艳有如武林高手打擂台而产生精彩之作；或成乌合之众凑热闹而流于应酬。此扇页笔意潇洒，赋色清雅，两人配合得心应手、珠联璧合，自然属于前者。

赵之琛（1781—1860），字次闲，号献夫，钱塘诸生。邃于金石之学，名列西泠八家。书法工隶及行楷。画山水宗倪黄，花卉近华新罗。此叶扇面赵之琛画一赏石，题曰："瘦石亭亭面面通，通灵好似玉玲珑。它年得受高人拜，何必襄阳海岳翁。鲁瞻尊兄属写，次闲赵之琛并题。"白文"赵之琛印"。诗应自作。顾洛补花卉，题曰："鲁瞻大兄属，补霜花杞子两种于茸紫庵之南窗，时戊寅（1818）七月十有九日。西楳弟顾洛。"钤朱文"西楳"，白文"顾洛"。

顾洛（1763 — ？），字禹门，号西楳，钱唐人。于画无所不能，尤擅仕女和古衣冠。

我外祖父涤凡公曾藏有赵之琛画屏，作一石亭亭玉立如幽谷佳人，常悬壁间，我少时陪侍涤凡公，徘徊其下，至今犹历历在目。至于顾洛我则曾藏有他绢本人物屏一，得渊雅静穆之趣。我于 2018 年得此扇于上海工美，为叶露渊旧藏，得之如重逢故友。

41

吴楷画扇

图41-1　吴楷水墨兰石成扇

吴楷，一名允楷，字辛生，吴县人。工花木兰石，兼擅山水，《瓯钵罗室书画过目考》称其为翟继昌弟子，能传其法。《墨林今话》称其多临元明秘迹。我初涉收藏界即得其花卉成扇一，但那时未能识其妙处，得而复失。其后再见此扇于苏州某拍卖会，竞拍激烈，落槌价奇昂，遂不能再得，耿耿于怀久之。此后对吴楷作品就一直很关注。虽然他的作品存世不算多，这些年我箧中也有了他的一成扇、二扇面。

成扇为菠萝漆十六档扇骨雨金笺，吴楷作水墨兰石，另面丁小邨行书。

扇面一亦水墨兰石，雨金笺。另一为青绿山水，题曰："壬辰（1832）仲秋，为倚萱仁兄雅拂。辛生吴楷。"钤"辛生"朱文。

吴楷师从翟继昌不数年，翟即谢世。吴楷存世扇作以兰石花卉为多，山水较少，多作于道光年间。

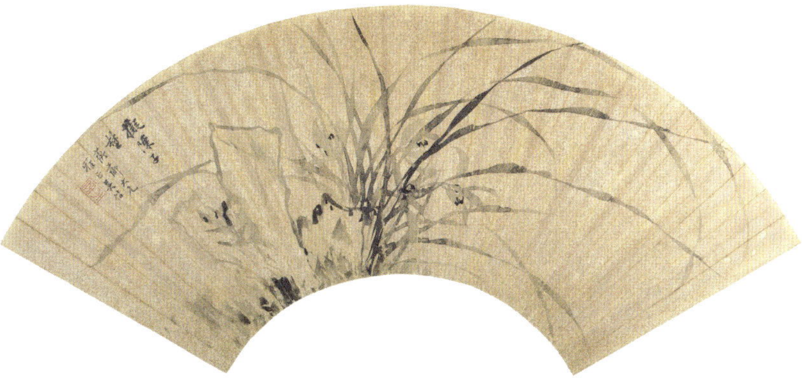

图41-2　吴楷水墨兰石扇面

图41-3　吴楷山水扇面

42 汤贻汾一门风雅

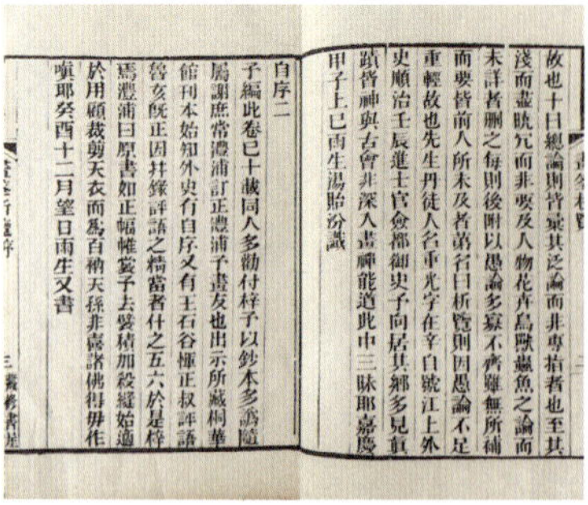

故也十曰總論則皆彙其泛論而非專指者也至其
淺而盡晦冗而非要及人物花卉鳥獸蟲魚之論而
未詳者刪之每則後附以愚論多寡不齊雖無所補
而要皆前人所未及者爰名曰析覽則因愚論不足
重輕故也先生丹徒人名重光字在辛自號江上外
史順治壬辰進士官僉都御史予向居其鄉多見真
蹟皆神與古會非深入畫禪能道此中三昧耶嘉慶
甲子上巳雨生湯貽汾識

自序二

予編此卷已十載同人多勸付梓予以鈔本多譌隨
属謝庶常澧浦訂正澧浦予畫友也出示所藏桐華
館刊本始知外史有自序又有王石谷惲正叔評語
魯亥既正因并錄評語之精當者什之五六於是梓
焉澧浦曰原書如正幅帷裳予去襞積加殺縫始適
於用顧裁翦天衣而為百衲天孫非嘉諸佛得毋作
嗔耶癸酉十二月望日雨生又書

图42-1　《画筌析览》选页

图42-2　汤贻汾山水扇面

汤贻汾（1778—1853）字岩仪，号雨生，晚号粥翁。武进人，居南京。他是一位多才多艺之人，时称“书画诗文，并臻绝品；天文地舆，百家之学，咸能深造；弹琴围奕，击剑吹箫，靡不精好”。世袭云骑尉，曾擢任温州副总兵，以病不赴。曾重编点评笪重光《画筌》为《画筌析览》，以利后学，另著有《画眉楼集》和《琴隐园集》等。官大同时，他曾与妻董琬贞及子女七人合笔作画十三页为一册，成一门风雅之轶闻。

道光年间画家，我最关注汤贻汾和戴熙。汤氏一门之作品，寒舍中略有收藏，兹录数件如下。

一为纸本设色山水扇面。上题："杨柳岸晓风残月。拟元人法。贻汾写于白门"。钤"雨生"朱文连珠印。此扇画得甚好，并无秦祖永所谓"境界细碎"之病。汤氏于扇面喜用淡墨湿笔，作巨幅山水或欠"浑沦古厚"，画小品入逸品。

二为素绢团扇书画二叶，原为一扇之两面。外祖滌凡公旧藏。一面墨笔梅花绝佳，乃汤贻汾画赠"子和世二兄"者。这位子和又转赠他人，并题缘由："此雨生都督丙午（1846）年作也。辛亥（1851）秋七月，英甫仁棣自都来吴门，见而爱之，即以持赠。籽荷识"。钤"子和"朱文。另面汤雨生行书录自己作书心得："得笔则虽细为髭髪亦圆，不得笔虽粗如椽亦褊。……贻汾"。钤"龙山琴隐"白文。此印汤氏晚年常用。这两叶扇面原为清代花绫旧裱，乃一屏轴，十分宽大。张桂铭先生来访时曾赞之曰："鬆"。当年常有古董商携古人书画上门求易张先生作品，张先生评之为"鬆"者辄能如商人之愿。张先生又指出此屏裱得太宽，不合比例。后来我就听从他的意见，从中挖取细长一段如琴条装入一清代"指甲圆"框中，悬之壁上至今。

我另有他一册八开山水，画南京一带风景，极精，上有吴湖帆题："琴隐道人金陵秋景八景册，闲淡超逸，乾笔尤为老辣，淡墨笼染，俱

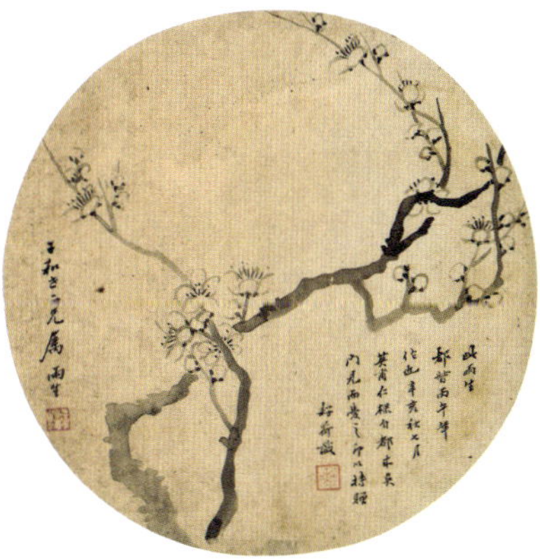

图42–3　汤贻汾墨梅团扇

图42–4　墨梅团扇另面汤雨生行书

图42-5　汤贻汾山水册页（1）

图42-6　汤贻汾山水册页（2）

图42-7　汤贻汾山水册页（3）

图42-8　汤贻汾山水册页（4）

图42-9　汤贻汾山水册页（5）

得思翁法也”。时值辛未（1931），犹钤“吴万”印。汤贻汾书画俱从董其昌入手，由此册可得其踪迹。

我另藏有汤贻汾节临“曹全碑”小立轴，墨色浓重，笔力雄健，应为背临。此件显示了汤氏书法不为人所熟悉的一面。

汤贻汾妻董琬贞（1776—1849）字双湖，号蓉湖，有小印曰：“生长蓉湖家澉湖”，海盐人。夙娴诗画。箧中有一柄戳纱绣草虫团扇，有绣款“婉贞”，应为其手制。此所谓画绣，针迹极细，用笔敷色，初看似画，细谛方辨乃绣。早年我曾于上海友谊商店得一柄乾隆年间物，与此极为相似。

贻汾诸子俱能画。我有其四子汤禄名（1804—1874）一雨金团扇面，为其六十以后所作。禄名字乐民，擅仕女，亦擅花卉果实。此扇面乃金声弟子潘君所友情割让。

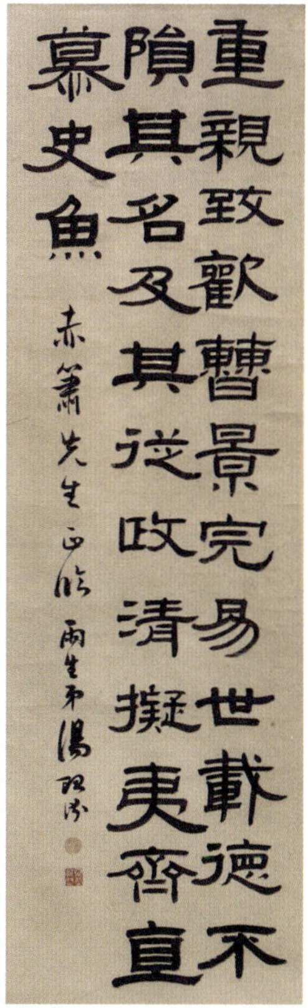

图42-10
汤贻汾临曹全碑立轴

图42-11　董琬贞戳纱绣草虫团扇

图42-12　汤禄名菜蔬团扇

43

但求逸品赵歗云

图43-1　赵箖水草鱼虾成扇

图43-2　水草鱼虾成扇另面

我初涉收藏，便得赵箖册页一本八开，绘人物花鸟草虫，古媚多趣，笔墨雅洁，非常喜欢。查检辞典，才知赵箖字歗云，号风篁中人，室名青芙蓉馆。乾隆间诸生。书学褚遂良，画无师承，信手自工，能写生。蒋宝龄曾于友人处见其写生四帧，“意境超逸，颇能副其所见”。又能诗，《清画家诗史》录其《题自画四季花卉四首》，俱清新可诵。

其一：

落尽桃花流水香，柳荫雏鸭戏沧浪。
老夫聊借雠书笔，点满云笺丹间黄。

其二：

睡余清梦渺难寻，雨过方塘八尺深。
偷得放翁诗里景，红蜻蜓点绿荷心。

其三：

半老秋娘入道装，一歌中妇织流黄。
辘轳不转银床冷，空咽深宵络纬娘。

其四：

珠茶红映腊梅开，曝背南檐暖似煨。
冻研冰融鸜眼活，蜜官一队猎花来。

赵箖性简傲嗜饮，往往以画易酒。布衣草履，翛然自远，居杭州之铁柱宫前。他喜用异体字、生僻字，如姓名中之箖（竹名）和歗（同啸）。行踪异于常人。他曾对其友陈二山说：“我辈作画，须舍去能品，而求逸品，方臻胜境。”

数十年来我一直搜寻他的作品，汰其残破者。有一册、一折扇、一团扇，皆可称真精新，一直珍藏，不轻易示人。

折扇乃双面雨金笺，烫湘妃 / 鸡翅十六档扇股。另面为道光进士慎毓林行书。赵箖画鱼虾蟹蚌等于藻荇水草之间，题曰：“两峰道人有此

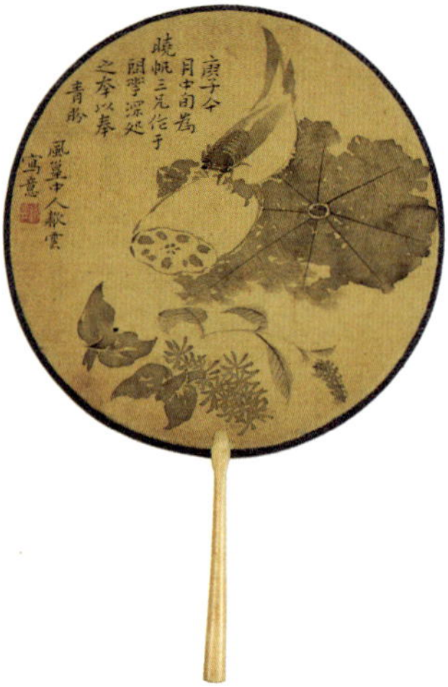

图43-3　赵箖荷叶菱藕团扇

作，意因追忆而摘摹之以释烟云之犹不去怀耳。杏樵七兄大雅之属，勷云。”

团扇上画水草荷叶菱藕，上缀一蝉。题曰：“庚子（1840）午月中旬为晓帆三兄作于问花深处之口（一字不辩），以奉青盼。风篁中人勷云写意。”钤“赵箖”白文。

册页八开选四。其中一开署“辛丑中冬呵冻作五德图。勷云”。钤“赵箖”白文。以此知作于道光廿一年（1841）。

赵勷云为人虽狂狷，但并不愤世嫉

图43-4　赵箖册页（1）

图43-5　赵箖册页（2）

图43-6　赵箖册页（3）

图43-7　赵箖册页（4）

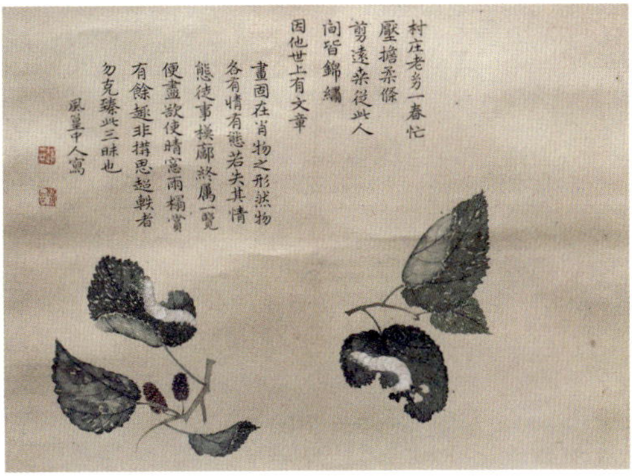

图43-8　赵篍册页（5）

图43-9　赵篍册页（6）

俗。从他的作品看，祥和并充满生机，套句时髦话讲，还是很阳光的。即使他中秀才时是乾隆末年，当时他才二十岁左右，到了道光后期应该已经是古稀老人，仍能挥洒自如，色彩笔墨如此明净潇洒，说明他一定有一个健康长寿的人生。

近日又于嘉德网拍竞得册页二开，或招贪得无厌之诮。我收此的原因在于两开之中有一开为蚕桑图，乃治丝绸史者难以割舍者。

格景金团扇

折扇有所谓格景众所周知，团扇亦有，且与加金绢配合，似不见人提及。我藏有两叶格景雨金团扇，兹略作介绍如下。

其一为小屏轴，挖裱同一团扇上拆下之书画各一，作上下联珠排列。上为戴熙所作青绿山水，画于素绢之上。下为恭寿、慎毓林、梁敬事三人的楷书，分别书于雨金扇面之三小框中。三框形状大小不一，乃以蓝、红颜料及黑线画成，框内打朱丝栏或乌丝栏。三人中慎毓林为道光庚戌（1850）翰林。

其二为嘉庆翰林沈兆沄等楷书八角形雨金绢格景团扇。此扇格景更为精致复杂。左右分列两矩形框，左朱右蓝，框外雨金地，框内素绢无金。框内有手绘纹样，左框为角花，右框为边花，一如笺纸式样。沈兆沄为天津人，字秋涛，号云巢。嘉庆廿二年丁丑（1817）进士，选翰林庶吉士，散馆授编修，官至浙江布政使。有《织帘书屋诗抄》和《蓬窗录》行世。

此种团扇，多见于嘉道间。

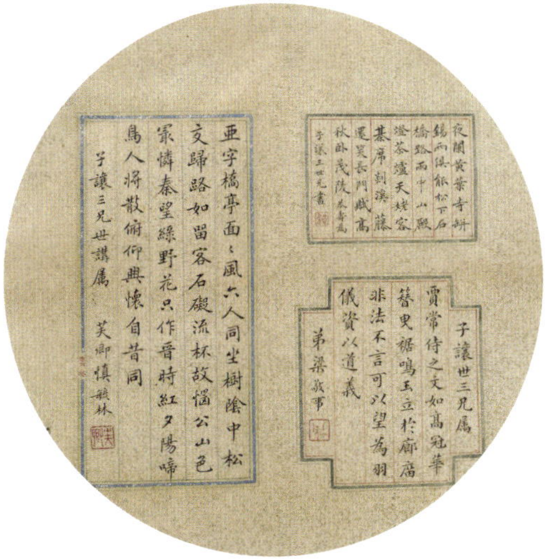

图44-1　格景雨金团扇（1）

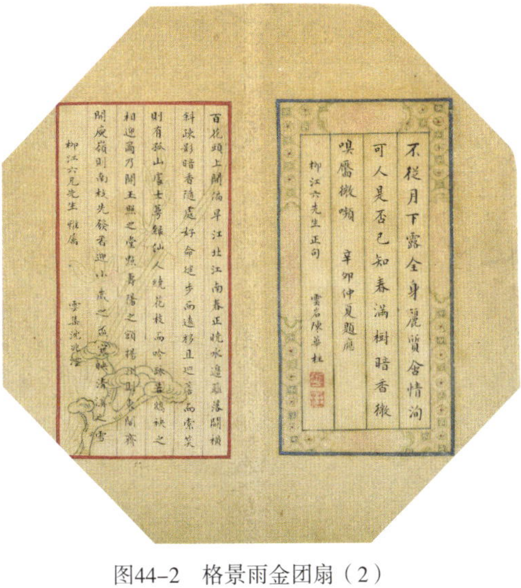

图44-2　格景雨金团扇（2）

45

朱昂之《扬子江即景》

朱昂之是我喜欢的画家。他的作品我过目、经手和入藏者不少。其中最喜欢的就是这件。

画面一江横亘，中有山。峰石林木掩映间有楼阁，山顶则绘一塔高耸。江渚有杨柳芦苇数丛。远处有风帆数点，彼岸之上则更有青山一抹。布置得当，笔墨苍浑，乃其山水小品中特精妙者。上题："渡扬子江即景，拟石翁笔意。昂之。"钤朱文"昂之"小印。冯金伯《墨香居画识》记录朱昂之于嘉庆壬戌（1802）、癸亥（1803）间以功名事北上赴京，此扇当作于此两年之中，正如秦祖永《桐荫论画》中所谓"中年有笔有墨深得古人神髓者"。

初见此扇，颇以为此图乃镇江焦山实境。其林石间掩映之楼阁或即定慧寺，符合此地俗谓"山裹寺"之景。其一塔高耸，与网上万佛塔亦颇合。然万佛寺乃1998年至1999年间由茗山法师募资兴建，朱昂之当然不及见。焦山元代曾有浙人周文英因还愿建一塔，历时九年而成，明代毁于倭寇。我曾拜托扬州文史专家顾风先生询问镇江的专业人员，得知云焦山历史上曾有二塔，早毁，且与现今的万佛塔并不一定在同一位置上。有清三百年间应无塔可入画。镇江另存始建于唐而明万历重建的僧伽塔，位于京口鼎石山，又有建于元代的韶关石塔，位于润州云台山北麓，但都与焦山关系不大。所以，此图仍有可能画的是焦山，此塔却是出于画家的想象。

朱昂之，字青立，武进人，书学董其昌，行草精妙。画得力于石谷南田，冯金伯许之为"笔墨精妙一时恐少俦匹"。秦祖永则称其"晚年失之尖薄，位置亦太刻露”。这种尖薄刻露的朱氏作品我也碰到过几件，都目之以赝品。

朱昂之书画有家学。父亲朱文嵘，字峻三，号西岩。乾隆十八年（1753）举人，官兴化教谕。书学圣教序，山水学黄公望，苍茫浑厚。

此扇委托嘉兴友人姚君赴常州某拍场得之。此前自己并未上手。取回后一见大喜。旧裱全品相，当得起“真、精、新”三字。

图45-1　朱昂之山水扇面

图45-2　焦山实景照片

46

朱昂之书画成扇

除了朱昂之的《扬子江即景图》雨金扇面，我还有他一柄书画成扇，也是我十分珍爱的。

扇之一面，由远及近，画重山叠嶂，江流萦纡，草木苍郁；山上有屋宇，江边有水榭，中有一人寂坐。山头点苔，山体披麻，露土处用赭石轻染，有植被处用花青。扇面虽小品，朱昂之也十八般武艺都用上了。题曰："壬午（1822）夏日拟山樵春山深静图遗意。空翠在目，岚烟袭人，应无三伏炎蒸也。友山五兄先生，昂之。"钤朱文"昂之"。另面以行草节录云台峰游记，飘逸潇洒，不负时人"学董其昌，行草精妙"之誉。

此扇为云母笺，十六档桃丝骨，玳瑁钉。藏界老人所谓之桃丝或桃丝木，颇似棕竹而色深，质地紧密而硬，从截面可看到其中有黑刺状物，色更深、质更硬。此种扇骨多见于明和清早期。其扇钉平而无凸起，色亦深于牛角钉且隐约有肌理变化。1822 年为道光二年，距今近二百年了。

此扇为云母笺，十六档桃丝骨，玳瑁钉。藏界老人所谓之桃丝或桃丝木，颇似棕竹而色深，质地紧密而硬，从截面可看到其中有黑刺状物，色更深质更硬。

图46-1　朱昂之山水成扇

图46-2　山水成扇另面行草书

47

顾逵之谜

图47-1 顾逵山水成扇

图47-2 山水成扇局部

我有一柄顾逵的山水成扇，乃心爱之物，珍藏二十多年，但对画家身世之谜始终没有完全解开。

扇为暗红淡绿两色十六档漆骨，一面泥金作书，一面雨金绘画。画面上一水从天边蜿蜒而来，时折时下，至崖边跌落成溪。溪上有桥，桥上一红衣人坐而观景，一童持杖侍立，杖头悬一葫芦。葫芦中有酒与否则不得而知。

两岸林木葱郁，巨石峙立。树后石上有一鹤作回首状。画风颇近文徵明。题曰:“养鸜成大鹤，种子作高松。摹蒲室子笔意以奉立亭先生清赏并政。椒园逵。”钤朱文“椒园”。蒲室子为康熙年间画僧上睿。另面楷书为杏农杨承照所书。

顾逵、杨承照两人史书上似无记载。我曾有一山水手卷，乃程庭鹭、顾逵各绘一段合裱，戚叔玉旧藏。吉林美术出版社 1994 年 6 月出版的《明清扇面选》，图 26 有顾逵所作“松荫观瀑图”，吉林省博藏品，释文称其“受文徵明影响甚重，作者或为吴门画派中人……”并将他列入明代画家。这明显错了。《五湖鱼庄图》第九册有其绘图，同册另有费丹旭等人作品。我在华盛顿的弗利尔美术馆也见过他的仿古山水册。这些署名顾逵的山水画，显然出自一人之手。与他一起出现的画家都活跃于道光年间。《中国美术家人名辞典》载有元代画家顾逵，应该与他无涉。

我还藏有一柄团扇，一面是赵箖的清供，另面是顾逵的书法。以行书录七律一首:

金银宫阙变林丘，
前度游人已白头。
一笑正如春梦觉，
百年堪叹此生浮。
湖山晻霭翻宜雨，
木叶萧疏不耐秋。
不尽重来淹恋意，
晚风吹酒更登楼。

图47-3 顾逵书法

题曰:“丙午闰五书应晓帆三兄正。顾逵。”钤“荼园”朱文(荼通椒)。这是我所见顾逵作品中有明确记年的一件。丙午应为道光廿六年,亦即1846年。此诗为文徵明所作,题为《雨中游玄墓》,1554年,文徵明曾书此为长卷。文徵明也曾在折扇面上书此诗。关于顾逵,应该会有更多资料出现。此扇当为顾逵所临。

当时虽戴汤并称，然戴熙于画学所用心力更深。其《习苦斋画絮》以及诗文集中多论画处，俱极有识见。如题王翚山水时说："此图乃石谷四十七时作。笔势洞达，少年锐气未退，似不逮七十以后之深。然烟客、廉州之倾倒，南田之望而却步，却是此种。六十后之作，三君子俱不及见矣。求石谷者，正当于早年笔墨得其气概不可程限处。"这是他学王翚成功之心得。他在自己画作上的题跋也多能有助于后学："时史作秋树，多用疏林。余以密林写之，别饶秋意。"他又曾说："（画）远处尤贵浑，远人无目，远水无波，则远山可知矣。"

他的诗作多与绘画有关，见《习苦斋诗

图48-1　戴熙像

戴熙（1801—1860）

字醇士，号鹿床，钱唐人。

道光十二年（1832）翰林。官至兵部侍郎。诗、书、画兼擅，山水画在当时可称独步。他师法王翚能不袭其貌而入纯雅古穆之境。

图48-2　戴熙山水团扇

集》，其中又多题画扇诗，卷三仅一处即录了八首。

戴熙与之交游唱和的画家中，有不少也都是我喜欢的，如潘曾莹，沈石香和顾升庵等。兹录一首题《汤雨生为陶锥庵画墨梅小幅》："健笔出老干，著纸留余香。千古广平赋，同君铁心肠。"

我这帧素绢团扇小青绿山水著录于《习苦斋画絮·卷七·纨扇》。画精款字亦精。上题："烟痕笼碧岫，花意护红楼。子让三兄属，醇士戴熙。"钤"与江南徐河阳郭同名"朱文。此印流露了他在绘画方面的抱负。

戴熙的赝品特别多。他画小品停匀妥帖，似更胜大幅。外祖涤凡公曾庋藏戴熙水墨山水通景四屏，常悬壁上，后归我同椿舅。他曾出示朵云轩某君素以鉴赏见称者，而某君认为佳则佳矣，仍不够精，疑为赝品。由此我对戴熙大幅总是望而却步，并产生了署名戴熙而不精者即赝的想法。

我这里还有一柄戴以恒的水墨山水成扇，矾面漆骨。戴以恒（1826—1891），字用柏，熙次子（一作侄）。山水得戴熙正传。戴熙行状载他有四子，名有恒、可恒、果恒、穗孙，未提以恒之名，不知何故。

此扇大部分用淡墨湿笔，局部用浓墨点醒，缜密精细，惟笔力稍弱。题曰:“仿吴渔山画法。与石谷不同，渔山笔笔生辣，石谷笔笔挺劲。余合生辣挺劲为一。见为渔山则渔山之，见为石谷则石谷之。光绪四年（1878）三月，奉鉴平仁兄大人教正。用柏弟戴以恒。”钤“以恒之印”白文，“用柏”朱文。跋文颇似戴熙。惟字不似。戴以恒有《醉苏斋画诀》存世。

戴熙孙辈有兆登、兆春、兆衡、兆年，其中兆春和兆登所绘之山水扇面，箧中尚存。兆登“秋林曳杖图”泥金折扇成扇，题曰:“丙子（1876）九月仿蒙泉外史大意以应曼君仁兄大人雅属。戴兆登。”钤“戴兆登”白文。画得很规矩，似亦不逊于戴以恒。

兆春浅绛山水素绢团扇面，题曰:“夹路奏松风，连山閟幽邃。远寺数声钟，白云荡空翠。壬辰（1892）秋九月奉甸丞仁兄大人雅正。青来弟戴以春。”钤“文节公孙”迎首朱文印和“戴兆春”白文印。戴兆春字青来，号展韶，有恒次子。亦工山水。光绪三年（1877）翰林。其祖父的《习苫斋画絮》即由他编辑成书。戴氏三代风雅得以一脉相传。

图48-3　戴以恒山水成扇

图48-4　戴兆登山水扇面

图48-5　戴兆春山水团扇

49 程庭鹭 娄东翘楚

图49-1　程庭鹭山水扇面（1）

图49-2　程庭鹭山水扇面（2）

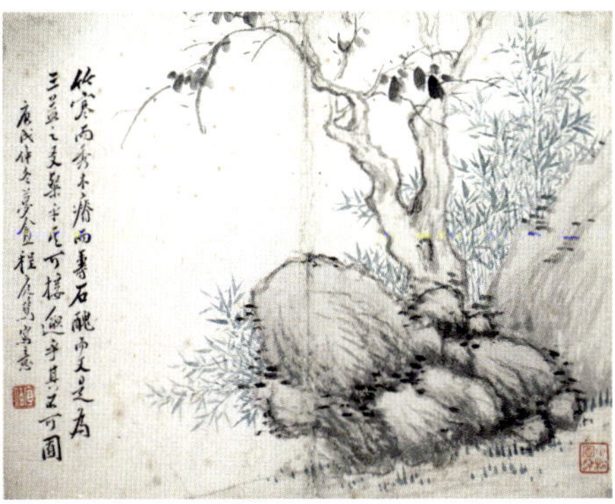

图49-3　程庭鹭枯木竹石图

程庭鹭（1796—1858），嘉定诸生，字序伯，号蘅乡。他初名振鹭，字缊真，号绿卿，一生所用字号甚多。早岁问业于陈文述，工词章，乃清代画家中文学修养较高者，尤擅填词。华东师范大学陈惠著《程廷鹭词研究》称其为上海词坛重要人物，词学活动始于道光四年（1824）持续至咸丰八年他仙逝，乃“娄东七子”之翘楚。亦能诗，《清画家诗史》录其绝句二首。其一为《题黄端木万里寻亲图》：

城绕青岭稀雁影，江盘白石有猿声。
分明写出滇黔路，烟墨都凝血泪成。

一生著述传世甚多，有《练水画徵录》《篛庵画麈》《小圆松阁杂著》《红蘅词》等。

程庭鹭画山水得钱杜指授，秦祖永称其“得檀园翁（李流芳）轻逸之致”。秦曾见其一手卷，仿黄鹤山樵，“皴染绵密气息浑沦”。程庭鹭与秦炳文为莫逆之交，画风亦相近。但程氏较秦氏格局为大。

20世纪90年代，我于好友吴民贵教授处得程氏一小青绿山水手卷，乃其丈人戚叔玉先生旧物。后不知爱惜，误入妄人之手，痛心不已，自责颇甚。自后留心寻访，遂有收获，得一泥金笺山水折扇片，视若珍宝。此扇逸笔草草，粗头乱服中法度甚严，题作：“丁未（道光廿七年1847）七月抚梅道人墨法于小圆松阁。玉君七兄正之。庭鹭。”钤白文“序伯”。

我还有一叶纸本浅绛山水扇面，画得极为清雅，乃叶露渊老画家旧藏，得自上海工美。题作：“拟南田翁意，为洁人大兄属。乙卯首夏程庭鹭。”钤白文“序伯”。

我另有斗方一页，为枯木竹石图。尺寸虽小而画得很好，也郑重宝藏。

秦炳文与秦祖永

秦炳文（1803—1873），初名燡，字研云，号谊亭。江苏无锡人。道光二十年（1840）举人，官吴江教谕。晚年官户部主事。三上春闱，留京八载，初颇热衷于仕途，后遂寄情诗酒，广交游，精鉴赏。

秦祖永（1825—1884），字逸芬，号楞烟外史。诸生，金匮人。官广东碧甲场盐大使。工诗文书法，于绘画则理论实践相结合。

秦炳文无锡人，秦祖永金匮人，两地相近。两人交往甚相得。秦祖永有画学著作如《桐荫论画》和《画学心印》行世，《清史稿》称其“评骘较严，称略备焉”。他于中国绘画史理论颇有贡献，而画技似不如秦炳文。

秦祖永在《桐荫论画》中较多述及两人的交往：“辛酉、壬戌（1861—1862）薄游沪上，下榻谊老寓斋，往返数次，昕夕相共者几及半年。后甲子（1864）、丁卯（1867）、庚午（1870）同聚春明，搜罗书画，讨论画理。复时时以古大家名迹互相夸耀，颇及平生赏心之

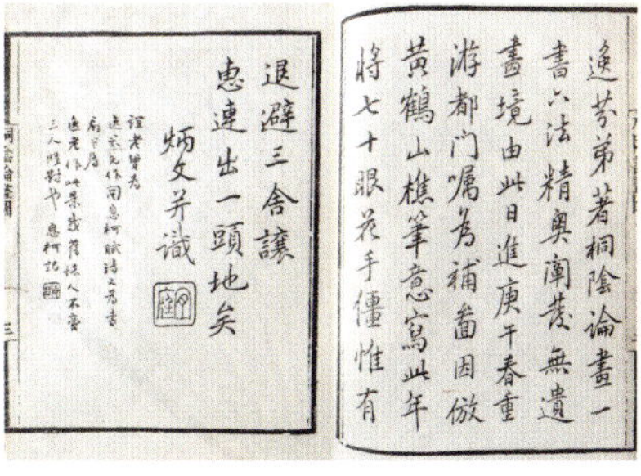
逸芬弟著桐陰論畫一書六法精奥闡發無遺畫境由此日進庚午春重游都门偶為補畫因倣黄鶴山樵筆意寫此年將七十眼花手僵惟有退避三舍讓惠連出一頭地矣

炳文并識

图50–1 《桐荫论画》内页

图50–2 《桐荫论画》插图

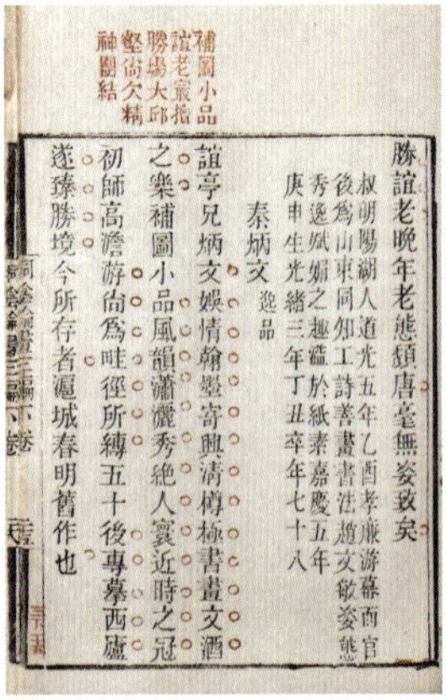
補圖小品誼老最擅勝場大邱壑尚欠精神團結

勝誼老晚年老態頗唐毫無姿致矣

叔明陽湖人道光五年乙酉孝廉游幕西官後爲山東同知工詩善畫書法趙文敏姿態秀逸賦媚之趣蘊於紙素嘉慶五年庚申生光緒三年丁丑卒年七十八

秦炳文 逸品

誼亭兄炳文娛情翰墨寄興清樽極書畫文酒之樂補圖小品風韻瀟灑秀絕人寰近時之冠初師高澹游尚爲畦徑所縛五十後專摹西廬遂臻勝境今所存者滬城春明舊作也

图50-3 《桐荫论画》选页

乐”。秦炳文则为秦祖永作“桐荫论画图”两帧付梓，短序一则，并手书上版。

秦祖永对秦炳文作品的评价很有趣，一方面说他“初师高澹游，尚为畦径所缚，五十后专摹西庐，遂臻胜境”；一方面说汪昉画巨幅之“气局魄力，似较胜谊老”，而秦炳文“补图小品，风韵潇洒，秀绝人寰，近时之冠”。此处尚是暗讽，后来更明说“补图小品，谊老最擅胜场，大丘壑尚欠精神团结”。巧的是，俞剑华《中国美术家人名辞典》也引前人语称秦祖永“师王时敏为宗而神理并未化，补图小品，颇擅胜场”。其实这是晚清文人画家的通病。不过，秦祖永把秦炳文的画归于逸品，这还是很恰当的。

秦炳文长秦祖永二十余岁，后者称前者为谊老或谊翁，在《桐荫论画》秦炳文条中又称之为“谊亭兄”，这也多少反映了两人之间尊重而亲密的关系。

图50-4 秦炳文山水成扇

图50-5 山水成扇另面刘成霖行书

图50-6　秦炳文山水成扇

图50-7　山水成扇另面杨沂孙行书

我有幸入藏秦炳文成扇两柄。其一为秦炳文浅绛山水刘成霖行书录《随园诗话》成扇，双面泥金，乌木 / 玉竹十六档直肩股。秦炳文跋曰:“黄鹤山樵松窗读易图，廉州太守曾有摹本。庚申（咸丰十年 1860）谷雨写奉子绒大兄大人正。秦炳文”。钤朱文“吴下阿宜”。刘成霖字润生，甘泉人。善书画，工传真。见《甘泉志》。

其二为秦炳文水墨山水杨沂孙行书双面泥金扇，扇股为梅鹿直肩十六档。画跋为“仿李檀园笔意，奉保之尊兄大人雅正。秦炳文”。钤朱文“阿谊”。檀园为李流芳。秦炳文素来仰慕李流芳，此扇亦得李氏清新自然略带荒率的风格。

我所藏秦炳文雨金水墨山水扇面一页，题作“丁巳年（1857）初夏仿檀园老人笔意，为蕙洲七兄大人雅属。秦炳文”。钤“砚耘”朱文小印。画面荒疏淡远，品相完好。

我另有他小品斗方一页，作浅绛山水，题“平山堂秋眺。仿包山子。炳文”。钤朱文小印“砚耘”。极精，似更胜那张扇面。

秦祖永泥金绢本扇面得自我安徽老友汪医师。笔墨粗放雄浑，乃其精品。题“辛未（1871）嘉平望后三日仿香山老人笔意。子琴二兄大人雅属。秦祖永”。

图50-8　秦炳文山水扇面（1）

图50-9　秦炳文山水斗方

图50-10　秦炳文山水扇面（2）

51 枯淡有神董枯匏

董耀（1800—1883），字继华，又字小农（父董棨号梅溪老农），号枯匏。秀水诸生。博览群书，旁及内典。画传家法。师倪黄，平远山水枯淡有神。工小楷。能诗，著《养素居诗稿》，多五言。蒋宝龄与之交好。曾见董耀所书小楷贝叶经。又曾携子蒋茝生访董耀，录其《题钱小林梅花亭图》：“亭前香不断，无数梅花林。明月忽当户，幽人空此心。举头见孤鹤，挥手弹清琴。应梦罗浮去，空山深复深。”

我藏有他所绘山水扇页二，书法成扇一。

图51-1　董耀山水扇面（1）

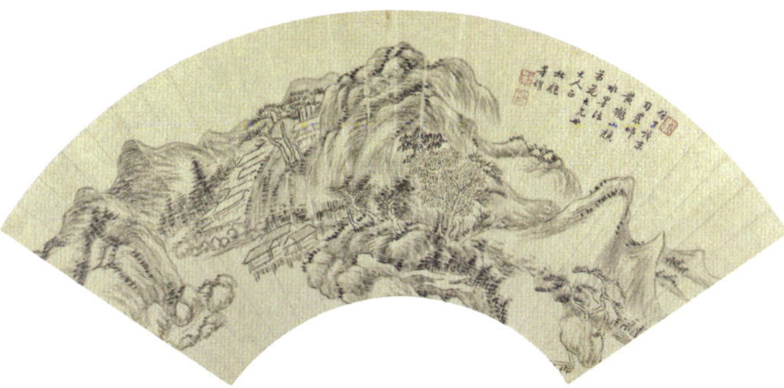

图51-2　董耀山水扇面（2）

其一为雨金小青绿山水折扇片。题曰:“共憩茅亭下，唯闻涧水音。爱看霜叶好，来复见天心。甲戌（1874）八月画奉佑之仁兄大人政。枯匏董耀。”钤朱文“枯匏”，白文“董耀”。此扇面从一足尺大扇上拆下，另面为程如椿书法。

其二为金笺墨笔山水，亦为大扇。题曰：仿王茂京司农师黄鹤山樵水墨法。弟花大兄世大人正。枯匏董耀。”钤白文“口口湖边”，朱文“小农”。此二叶俱画得甚好，布局严谨，法备神足。

此外有双面雨金成扇，直肩素竹足尺大股，原装全品相。

董耀节临孙过庭《书谱》，颇见功力。题曰:“临过庭书谱，时庚戌（1850）新秋。枯匏董耀。”钤白文“口口小农”。另面为松泉戴珏画松下问童子图。画不俗，惜不知其何许人。此扇亦道光年间物，距今一百七十年了。

图51-3　董耀节临孙过庭《书谱》

图51-4　松下问童子图

松陵画友沈棨森

于苏州友人处得一沈棨森雨金花卉扇面，画得很漂亮，其题材亦较罕见，且有两段长题。右侧为正题："寓斋后圃有异卉，白花朱实，如玕琪缀露，宝光欲燃。询之曰珊瑚树。然余不敢妄指其名，则亦珊瑚之而已。然叶皆偶出，歧黄家必能辨之。爰为写照，聊备群芳一格。即应与龄仁兄属。戣卿沈棨森。"左上有补题："一斛珠。天工幻绝，秋风击碎珊瑚屑。玲珑小颗枝头结。试问何人网打芝麻铁。莫是麻姑矜狡黠，丹砂玉粒如丸脱。拈毫对尔殷勤说，世上人情都学君圆活。灯下展此戏题。"

从题跋可知此乃古人之写生，但白花红果同时出现于画面，应该也不是严格意义上的写生。跋文很生动，填词一首咏之亦生动可诵。

看来作者是一位在诗书画诸方面都很出色的人士，可他的生平资料极少。《中国美术家人名辞典》仅寥寥数字，"字戣卿，工画"，资料出处为《松陵画友诗》。此书有旧抄本，并无其他单行本，但被收入数种丛书，查检不太方便。幸好家中《丛书集成》初编零本中有此，题作《画友诗》。此书作者为赵彦修（1812—1882），道光举人，曾官松江十年，博雅多闻，喜书画，精鉴别。《松陵画友诗》一卷附《画中九友诗》一卷，涉及道咸间松江一郡及邻近诸府县画人四十余人，赵彦修以诗的形式，咏其人其事其画。其咏

图52-1　沈棨森花卉扇面

沈棨森诗曰：

“戣卿早岁工三绝，闻说持斋法太常。自古才人耽学道，石坛星夜拜瑶章。”

松陵二十四画友，其中包括陈铣、陶琪、秦炳文、程庭鹭、沈焯、倪耘、李修易、黄鞠等，他们都是我喜欢的画家。沈棨森与之为友，同声相应，同气相求，其为人可想而知。

荒江老屋管庭芬

偶得管庭芬兰石图雨金扇面一叶。画苔石上兰三丛花数簇，右侧添小竹斜出，颇具意致。题："癸酉（1873）冬日季璞四兄先生雅鉴。芷湘管庭芬时年七十有七"。管庭芬的生平，原先只见于《清画家诗史》《杭郡诗三辑》《海宁县志》等几种。他字培兰，号芷湘，海宁诸生。生于1797年，至同治癸酉，正"七十有七"。

2013年中华书局出版了《管庭芬日记》四册，不间断地记录了嘉庆二年（1797）到同治四年（1865）六十九年的经历和见闻，现已成为学者研究晚清史的重要文献。同时，也为我们了解他为人、思想和艺术创作提供了意想不到却生动丰富的第一手资料。

例如，我们可以发现，他一生吟诗不辍，二十三岁以后几乎无日不诗。画则年轻时月余或一作，多为兰石；中年后渐渐增多，间作山水；晚年作画之日更多，可以一连几天日有所作，题材也更加多样化。而且每画必题，题多系以诗（有《渟溪老屋题画诗》）。

他精鉴赏，于书画古籍颇具慧眼。他与嘉兴海宁杭州一带的藏家和古董商往来密切。同邑蒋光煦的《别下斋丛书》就是管庭芬主持校勘的。他与释六舟订交数十年，为六舟的《金石书画编年录》任参校并作序。同邑胡蕉窗富收藏，两人时时步行互访，研究讨论共同的爱好。管庭芬还著有《破铁网》记录胡蕉窗"有所悦而力不从心，并以余（管庭芬）向所心赏

此二扇当为其扇书精品。俱书于雨金笺上，而后者品相尤佳。

图53-1　管庭芬墨兰扇面

图53-2　管庭芬行书扇面

者共为一编”。

管庭芬曾自述：“画不必拘于一家，落笔以神韵胜。诗不必拘一格，写景以枯淡胜。”他又说：“古人作画，于荒率中得天趣，盖寂寞无可奈何之境，最宜入想，余性喜山行，每于林木丛杂、岩石腾伏之处，延伫久之，盖摹之入书稿并籍以增诗料也。”读来令人心向往之。

他晚年曾读到一句“荒江老屋旧书生”，心生感触，莫名欢喜，遂请人刻一印，不时钤用。我也因此对他产生了画面感，于是就文章有了这个标题。

箧中有彭瑞毓山水扇面一帧，也算是心爱之物，却从未出示于人。

康雍乾所谓“清三代”时期，士大夫供奉内廷作画颇有享大名者，晚清似少见。彭氏虽有此经历，但画名不著。此扇右下为城市，城墙内有亭台楼阁，外则有民居屋宇。中横大江，岸边船橹桅帆，掩映于丛林之后。对面隐约现远山数座及江岸一抹。上悬满月一轮。左上方题：“夜色迷濛看未真，樯帆如戟屋如鳞，江遥黄鹤知何在，唯有青天欲笑人。豹岑仁兄同年大人索画，写江乡一角，兼系小诗。求政。弟彭瑞毓。”钤“子嘉诗画”朱白文小印。画家笔墨松秀淡雅，诗画合一。据题可知画中江为长江，楼为黄鹤楼。虽非处处实景，下笔时必有故园意象在胸。扇面为淡淡的洒金笺，品相完好如新。题句乃自作绝句，钤印则说明作者颇以诗画兼擅自诩。

《清画家诗史》收录了他的一首诗，也是题在扇子上的，题目是《画鹤林图扇上寄门人郭怿琴（长清）》：

飞入深山不记年，瘦干秋叶冷于泉。
羽毛自带烟霞气，饮啄唯安淡定天。
有子和鸣真是福，向人不舞即称仙。
倦游也有栖迟意，恨不相逢古崖边。

此诗亦佳，可以据此想见所题之“鹤林图”。

此扇面入藏颇久，已经记不清得之于何

彭瑞毓

字子嘉，号芝泉，江夏人。

咸丰三年（1853）传胪，授编修，出任云南粮道。工诗文古辞，并善绘事，兰竹颇饶逸趣。曾供奉内廷。

图54–1　彭瑞毓山水扇面

时。模糊感觉是在上海老街上的“老上海茶馆”，周末茶聚某藏友承让所得。当时并不知悉其人其事，只觉得清雅可爱就要了，对方也并没有重视，所以价格低到不值一提。

茶馆初见时乃扇子上拆下未裱之一叶，入藏后郑重其事请老友金先生江绢挖裱成合页。

郑箕狂乎

图55-1　郑箕花卉扇面

汪鋆《扬州画苑录》记载了一位狂人画家，“性虽和易而狂在骨”，“即古人也不服”。说的就是郑箕。

又有记载说吴让之六十岁前后曾从其学画花卉，并为此刻“晚学居士”和“晚学生”二印自用以明志。吴让之长郑箕十岁且享大名于金石书法，能放下身段求教，除了说明吴让之虚怀若谷，有知人之明，也说明郑箕确实于花卉有过人之处。

郑　箕（1809—1879）

号芹甫，江都人。

汪鋆称其：“本儒家子，不知何以习绘事。自谓得张桂岩先生传，所作荷柳，绰有遗意，他作未能称是。”

图55-2　郑箕玫瑰团扇

咸丰五年（1855），吴让之还为之刻了“郑箕”和“芹父”两印，这发生在吴从郑学画数年之后，或许可算是一种委婉的谢礼。

郑箕多方外交，常年居住在准提寺，寺中僧人多从之学画，故郑氏弟子僧多而俗少。

我有郑箕所作两叶扇片，一为细密雨金绢团扇，画玫瑰；一为纸本折扇，画紫藤，皆笔墨潇洒，设色明净，并无半点狂野，也不邋遢。

由此可见，郑箕不盲目崇拜古人；能让吴让之心折；用学费抵房租；画画认真，不矜才使气；对人平和，同时在心里保持独立和自尊。这样的人狂吗？我觉得至少比安簃精舍所称的大小狂人可爱多了。

56 不屑平庸沈竹宾

沈焯，原名雒，又作焞，字竹宾，号墨壶外史，吴江盛泽镇人。职业画家，活跃于道咸年间。李修易《小蓬莱阁画鉴》称“今春二月竹宾忽归道山”，而谢巍估算此书写作时间为咸丰末年至同治八九年。据此沈焯至迟应在同治年间逝世。沈焯不喜在画作上署年款，我箧中两件成扇、三页扇面以及曾经我手的一些扇面，仅一扇面有年款。《海上墨林》称胡公寿和杨伯润都曾师事之，所以沈焯当之无愧是海派先驱。日本人把王秋言、朱梦庐称之为前海派，则沈焯才是真正的前海派。

沈焯在道咸时的画坛声誉颇高，李修易称其为“江湖第一笔”。秦祖永见过他的作品不少，称其“花卉写生清超隽逸”，山水则“丘壑邃密，极见功力”。又说他“初工写照，花卉师蒋霞竹。山水天分甚高，刻苦临摹，业遂大进。惟应酬太广，未免有作家习气”。由此推测，沈氏原来为人画像，属于画匠一类，后得拜蒋宝龄这样的文人画家为师，慢慢得到世人认可。而他以画为生，曾在嘉兴“无所遇”，后到苏州，“名大噪，征索者无虚日”。应酬太广也是无可奈何之事。盛泽地处浙江、江苏、上海之交会处，沈焯为了生计奔波辗转期间，仍不忘求师访友，以求上进。

沈焯与陶淇和李修易等交往，与陶淇研习画理，迹极密迩。他努力摆脱所谓“作家习气”，不但画无俗态，题跋也简洁有致。他上款极少用大人款，其中也透露出他的用心。蒋

图56-1　沈焯山水成扇（1）

茞生继其父宝龄撰《墨林今话·续编》，记沈竹宾“家贫作负米游，往还江浙，主濮川濮氏、石门蔡氏最久，两家并善收藏，竹宾刻苦临摹，所业益进”。《瓯钵罗室书画过目考》有类似记载。

我藏有他的山水成扇两件，其一为朱增炎父女旧藏青绿山水双面雨金扇，题曰：“花深藏小屋，水满碍平桥。仿文侍诏笔意为乐庭四兄先生即正。竹宾焯。”钤“沈焯私印”。另面为章光黻行书。

其二为纸本青绿山水另面空白泥金扇。题：“松风琴韵，拟文和州本，呈伟堂中堂教正。沈焯”。钤白文“沈竹宾印。”此扇之扇骨为圆头细竹十六档，王石香刻骨，十分可爱。

我另有金扇面三叶，其一为青绿山水人物，雨金笺，乃一位苏州朋友转让。题曰：“沧浪濯足图。辛丑（道光廿一年，1841）花朝写于虞阳客次，即为玉韶四兄先生属正。沈焯。”钤“墨壶外史”朱文。《中国美术家人名辞典》称沈焯于光绪廿七年（1901）仿文徵明《观莲图》，误，应亦在此年。

其二为泥金笺山水，题曰：“董大痴秋山图，董思翁常画之，此摹其意。子繁先生属即正。竹宾。”钤“沈焯私印”。

其三为雨金笺设色花卉。题曰：“人间佳节近，江上晚花开。抚陈沱江笔意为濬之五兄先生雅正。竹宾焯。”钤朱白文“沈焯”。

图56-2　沈焯山水成扇（2）

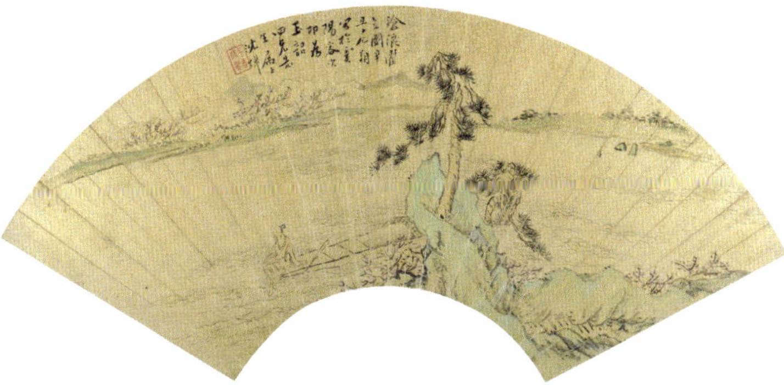

图56-3　沈焯山水人物扇面

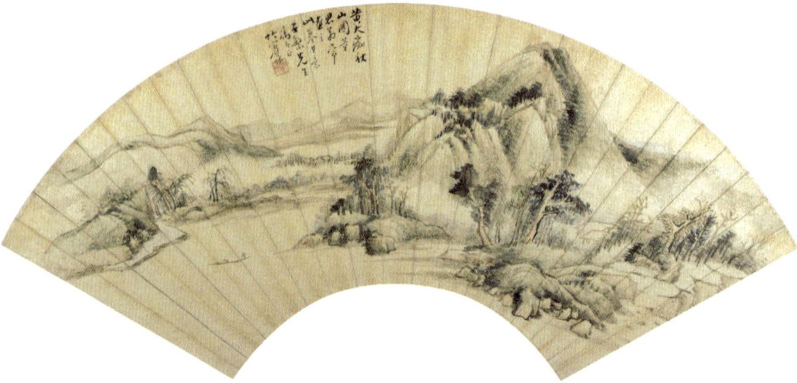

图56-4 沈焯山水扇面

图56-5 沈焯花卉扇面

陶琳三扇

图57-1　陶琳山水成扇（1）

多年前，在上海老街的老上海茶楼，我从一位非常成功的安徽籍古董商手中，买进了三件陶琳的山水成扇。其中两件品相很好，一件品相稍差。他买下的价格比较贵，但一时并没有买家愿意接手。当时对这种晚清中小名头画家的成扇关注的人不多。我看后表示了兴趣，他也很爽快地让了给我，价格应该与他的进价相差不多。

陶琳（1799—1889），号松石，秀水人。父陶乐山兄陶琯都喜画擅画。琳山水笔墨疏爽简淡，近王学浩。上述三柄成扇一件为双面金笺，另两柄为单面金。双面金那柄作水墨米氏云山，题作："仿高房山墨法，时甲子（1864）夏六月为郎轩姻兄属并正。松石琳。"钤白文"陶琳"。

其二矾面作浅绛山另面金笺为孙承彦行草。画题为："平林贞石拟子久老年笔。丁未（1847）新秋为吉生一兄属，松石琳。”钤朱文“松石”。

另面题作：“丙午（1846）秋仲，吉生姻大兄属临。廉甫孙成彦”。孙成彦嘉善人。嘉庆十八年（1813）优贡，考取八旗教习，后官龙川知县，调博罗知县。著《小谟觞居诗存》一卷，见《清人诗文集总目提要》卷四十一。

其三为陶琳矾面设色山水，另面雨金行书。画题为：“庚辰（1880）中秋仿元人笔法于曼陀罗室，为鉴平三兄雅拂。松石陶琳时年八十有二。”此扇有画史考辨的意义。《艺林年鉴》称陶琳卒于1874年，卒年七十六，明显错了。而《清代画家生卒年表》的1889年逝世的说法较准。他死时九十一岁。

创作于清代的成扇存世本来就不多，其中大半作于光绪年间或稍

图57–2　陶琳山水成扇（2）

图57-3　山水成扇另面行书

前。道光年间的成扇已经非常稀少了，如果还对品相有所要求的话就更寥如星凤。存世道光以前的称得上真、精、新的成扇，以北京、台北两地故宫为最多。每年那么多中国书画拍卖会，道光左右看得上的成扇就没有几件。似乎有关的机构和个人并没有关注这个情况。其实以绘画史为关注点的收藏，还是要求在品种、风格、地域和时间有一个合理的分布。这批扇子的第二柄，书法和绘画分别作于道光廿六年（1846）和廿七年（1847）。

陶琳能诗，《清画家诗史》录其诗一首名为《题画》：

渺渺平沙夕照妍，
一行新雁影回旋。
渔歌唱尽船归晚，
秋在芦花浅渚边。

图57–4　陶琳山水成扇（3）

诗疏爽淡雅，一如其山水。陶琳的兄长陶琯，在诗文书画的成就更高，但因为过世较早，于1849年逝世，仅活了五十几岁，存世作品少，我收藏几十年中仅见过一件，忘记是什么原因，也没有能够入藏。

松下月明张士保

张士保（1805—1879），字鞠如，山东掖县人。道光壬辰（1832）副贡生。同治初年，丁宝帧在济南历下李清照故居设尚志堂，请齐鲁穷经之士赴济南讲学，张士保“巍然居首”。光绪四年（1878）选为临朐教谕。张士保嗜金石书画。咸丰十年（1860）与秦炳文、汪昉等于北京松筠庵结社以相往来。其山水花鸟不落恒蹊，人物宗古法，得崔子忠、陈洪绶一派笔意古雅形态静穆之意。诗文书法俱有别趣。

《清画家诗史》收录其诗五首，多写眼前景物，作平常口吻。兹引其四。

题画一：

稼收人出少，汀阔雁飞低。
树影萧疏外，寒凝叶一畦。

题画二：

晴云浓捲山全失，云外一峰突然出。
青松密排翠恍惚，疑是天公幻化术。

题画蟹·丙寅七月对真写：

终日横行亦太痴，拖泥带水到何时。
许多河鲤登龙去，问尔努睛知不知。

同治丙寅中秋节后为小兰摹汉瓦古缶：

瓦铭万岁祝长久，寻常陶器墓中缶。
天上人间岂相同，年来都为鲰生有。
吁嗟乎，汉武求神仙，不如眼前一杯酒。

图58-1 张士保禅僧倒骑牛团扇

其书法尤精篆隶，笔法结构多取自汉造像。20 世纪 90 年代，我在上海福佑路一古董商处见一张士保绢本佛像，十分喜爱，正议价间，为一菏泽银行家抢先拿去，为之怅怅不已久之。此后陆陆续续访求其扇面作品，至今箧中有其精品三件。

其一为禅僧倒骑牛泥金绢团扇。上有长题：“禅宗多言牧牛，修仙者亦有之。盖即收放心以返真性之谓，过求解反失其旨。潼川则禅师牧牛词曰：咄，这牛儿身强力健，几人能解。牵骑为贪原上绿草嫩离离，只管寻芳逐翠，奔驰后不顾倾危。争知道山遥水远，回首归家迟。牧童今有知长绳牢把，短杖高提，入泥入水终是不生疲。直待心调步稳。青松下孤笛横吹当归去，人牛不见正是月明时。菊如张士保。”

其二为小青绿山水雨金折扇。题：“邵庭大兄世大人雅属，菊如张士保。”钤“臣保”白文。此叶何兮曾见之称善。构图有新意。

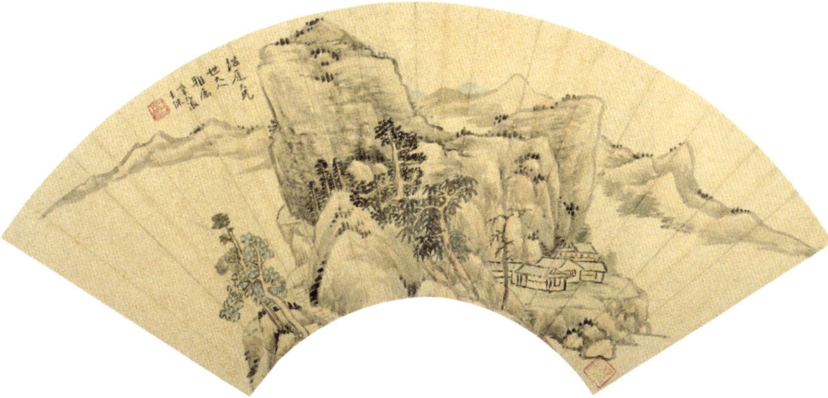

图58-2　张士保山水扇面

图58-3　张士保山水团扇

图58-4 《邺候故事图》团扇

其三为墨笔山水雨金团扇，题曰：“赞丞将军属画，张士保拟麓台法写之。”钤“士保”白文。此扇我于 20 世纪 90 年代末从台湾购回。古董商称他是 20 世纪 80 年代从上海买到的。

另有一叶绢本团扇《邺候故事图》。虽疲敝甚，且非金笺，然画亦精，故仍留箧中。

59 姿致妍雅陶绍源

我藏品中道光前后的扇面书画颇多，而其中陶淇的作品我有所偏爱。

我处有他的一件成扇、一叶扇片。成扇为两面雨金，二十档素竹，陶淇作浅绛山水。题曰：“静观白鹭下渚汀。辛酉（1861）四月利叔贤弟大雅之正。芦泾散人陶绍源。”钤朱文“锥庵”。画空灵淡远似元人，款字近恽南田。另面为周祖白行书。

扇片题曰：“桥西一曲水通邨，岸阁浮萍绿有痕。家住石湖人不到，藕花多处别开门。甲子（1864）夏日似六如法写此。镂蕡二兄，陶绍源。”朱文“锥庵”。此叶用唐寅法，乃其晚年精品。所录诗乃白石道人所作。

某年在上海上美预展看中，竞拍激烈，心中不舍放弃，手高举不放下，遂以较高之落槌价得之。

《清画家诗史》载其诗一首：“满湖莲叶不通舟，岚翠横窗枕簟幽。短葛山人清似鹄，沙禽飞上竹帘钩。”其风格有点像姜夔。

陶　淇（1814—1865）

原名绍源，字锥庵，号芦泾散人，秀水人。

山水得元明诸大家法，笔意疏秀，树石幽雅。花卉用笔柔和，字宗文恽。能诗，尤工题跋，有《忠孝堂集》行世。

图59-1　陶淇山水成扇

图59-2　陶淇山水人物扇面

潘遵祁抽身及早

潘氏三世俱进士出身。祖父潘奕隽（1740—1830），字守愚，号榕皋，乾隆三十四年（1769）年进士。父世璜乾隆六十年（1795）进士，遵祁则为道光廿五年（1845）进士。三人都无意仕途，及早抽身隐退。奕隽官户部主事，典试黔中旋即归田；世璜任编修亦转户部主事，未久以疾告归；遵祁更于道光廿七年入翰林后马上乞归，隐邓尉筑香雪草堂，得杨补之《四梅花卷》，因以名其阁，戴熙为绘《四梅阁图》。他们都得以享数十年山林之乐。

潘遵祁整理父亲潘世璜的遗墨，抄录汇编成《须静斋云烟过眼录》，咸丰五年（1855）出版。我偶得此书的宣统元年（1909）版，时时翻阅，其中多轶事趣闻，吴门文人风雅处世令人神往。兹录一则：

> 己卯闰五月二日，大人（潘奕隽）以番饼八十六枚易郭氏明人扇面册凡五十七幅，前途（卖家）必须九十番，余（潘世璜）贴四番。

明人扇面每叶只需两块大洋不到，令人艳羡；而老人讨价还价僵持不下时，儿子孝顺贴

潘遵祁（1808—1892）

字觉夫，又字顺之，号西圃。吴县人。

工书画，精鉴赏，擅诗文。著《西圃集》。

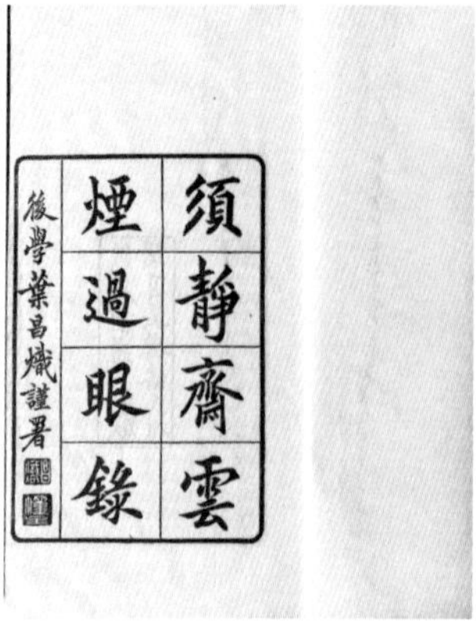

图60–1 《须静斋云烟过眼录》内页（1）

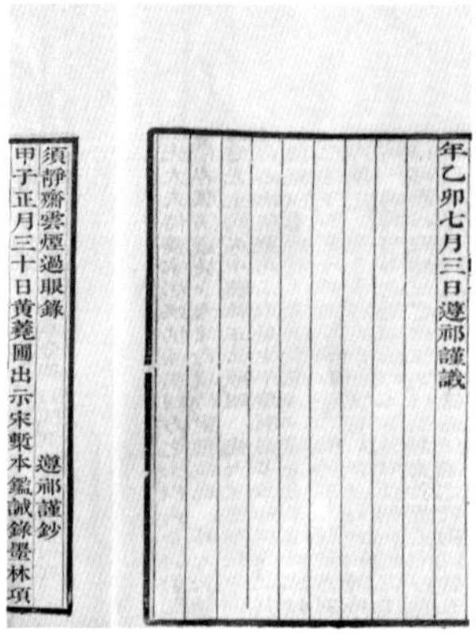

图60–2 《须静斋云烟过眼录》内页（2）

点私房钱，则令人发笑。

《清画家诗史》录其三首《题画兰》。

其一：

危崖不可攀，幽兰补其罅。
樵斧莫空寻，春风自开谢。
美人在空谷，君子升明堂。
出处两无负，相期领众芳。

其二：

自喜岩阿不世情，任他茨棘两边生。
素心那许春风染，长照寒泉澈底清。

诗颇醇厚隽永，非近代某些画家附庸风雅之作可比。

我箧中有潘遵祁花卉成扇一柄，绘于云母笺扇面之上，另面为空白泥金笺。画甚古雅，题曰：“三秋图，抚白云外史本，仁山贤侄倩属，遵祁。”钤朱文“顺之”章。

图60-3　潘遵祁花卉成扇

我还藏有一页潘遵祁的行书扇面，上书七律一首，疑为自作：

中郎台榭据江乡，雅称诗翁赋平章。
蓴菜鲈鱼好时节，秋风斜日旧烟光。
一杯有味功名小，万事无心岁月长。
安得便抛尘网去，钓舟闲倚画栏旁。

上题："书为一林大兄正。潘遵祁。"钤白文"遵祁之印"，朱文"顺之"。

图60-4　潘遵祁行书扇面

图60-5　汪藻兰石图扇面

此扇面乃从一件成扇上拆下分裱而成。另面为汪藻所画兰石图，题：“南田草衣小帧，一林大兄属写。小珊汪藻。”钤“筱珊画印”朱文。我不知汪藻生平。见朵云轩 2019 年春拍有明陆深江东诗卷等三纸，其中一纸有王文治、翁方纲、陆锡熊等题跋，末尾有汪藻小楷观款一行，“咸丰辛亥初元闰八月吴县后学汪藻拜观”，钤“鉴斋氏”朱印。由此可知汪藻为道咸间吴门画人，能鉴赏书画，字小珊，号鉴斋。

缪麟书和华翼纶的成扇

这是我入藏最早的那些成扇之一。应该是20世纪90年代初的事了。那时我很喜欢去常州市文物商店，要去上海北站坐火车到常州站，然后坐公交车到市里。常州文物商店业务最好的是许俊华，人很高，虽年轻但眼力过人，性格豪爽，大家都叫他小许，我去了喜欢找他，后来他不在也可以找一位新调来的女经理，好像姓陶。20世纪70年代末80年代初，我先后参加《中国纺织科技史》(古代部分)和《中国大百科全书》(纺织分卷)的编撰工作，陶经理是我跟随高汉玉老师去常州市博物馆拍摄相关文物时认识的。

有熟人在，就有机会去库房看看，或请他们从库房调取一些东西，一般会比外面柜台里放的那些更有吸引力。

记得在那里买了一些扇子，印象最深的是缪麟书的泥金花鸟折扇。这把扇子的扇股是清代乌木直肩十六档，扇钉是原配，没打开已经有点兴奋。打开一看，是白玫瑰花枝上停着一对白头翁。鸟是没骨设色，花则淡墨勾勒，古雅可爱。题为:“学南田草衣点色法，奉少华二兄雅正。七十六叟缪书。”钤朱文“酉山”。缪书即缪麟书，字酉山，吴县人，国学生，画承家学，工人物花鸟。《清朝书画家笔录》将其名列于道光朝。另面吴根行书，写得也很好。吴根字寿云，生平不详。再看订价不高，遂立即购下，宝藏三十多年至今，依然毫发无损。闲时取出，都不舍得打开，手抚扇骨，画中花

图61-1　缪麟书花鸟成扇

图61-2　花鸟成扇另面吴根行书

鸟即在脑中呼之欲出。我认为此扇应作于道咸之间或稍后。

受此鼓励，不久后又再次奔赴此处觅扇，但没看到中意者。结果选了一件柜台上的华翼纶的山水成扇，其实这件上次已经见到，只是不甚喜欢，价格又远高于缪麟书，所以不取。

华翼纶，字赞卿，号遂秋，金匮人。道光廿四年（1844）举人，官江西永新知县。富收藏，精鉴别，山水师王原祁。运笔迅捷，元气淋漓。著《画说》《荔雨轩诗集》。扇骨亦为十六档直肩乌木，原配扇钉，款式和气息都与缪扇相仿，只是尺寸更大，为足尺大扇，一望而知为清中晚期物。打开看后略为失望，泥金笺上画水墨山水，恣意荒率，虽与传记中语相符，似有点过。题曰："甲寅（1854）六月师北苑笔，为楳岩二兄属，华翼纶。"钤朱文"遂秋"。我曾于《皕箑斋藏明清扇面书画集》中见其《癸亥（1863）仿云林幽涧苍松图》，则远为雅训。深究其缘由，或师北苑为虚，临仿云林乃实。背面为省庵顾亮弼书法。既取之，则安之，亦留存至今。

图61-3　华翼纶山水成扇

62

莲溪凌霞的书画成扇

图62-1　莲溪山水成扇

图62-2　山水成扇另面凌霞小楷

2019年秋冬之际客居新泽西，在网上见西泠绍兴秋拍有莲溪、凌霞书画成扇而心生爱慕，遂委托年轻友人杨君代取之。

莲溪（1816—1884），僧人，名真然，号野航，以字行。兴化人，少贫。得张百禄指点而习画。道光廿四年（1844）与汪姓歙人至扬州，得吴幼莲赏识，遂以画名于世。张之万曾推其为“无体不备”。后曾寓上海一粟庵，与海派绘画有一定的渊源关系。

莲溪此扇为设色山水，画一红衣老者持杖行于江边崖下，其间有梅盛开。题曰：“香雪海。壬申（1872）重九，拟梅道人长卷一角为云樵六兄大人雅正。弟莲溪。”钤朱文“莲溪”。

凌霞，一名瑕，字子兴，号病鹤。归安人，工诗，与杨岘等称“苕上七子”。善写梅，书法董其昌而自成面目。通小学，多藏精善之本。著有《天隐堂稿》和《三高遗墨楼集》。

凌霞在此扇上以细笔作行书小字，密密麻麻金笺几满。题曰：“右录柳洲遗稿句。壬申秋九月应云樵六兄大人命书。弟凌霞”。钤朱文“病鹤。”此扇为双面泥金足尺大扇，芝麻竹直肩十六档，玳瑁钉。扇骨的年龄要远大于其上书画。

我还有一柄凌霞的书法成扇，也是在金笺上用行书录钱松壶诗句，但其诗篇布局、字之大小和笔画粗细变化更多。另面为董念棻画的也是梅花。董念棻，字味青，号小匏，秀水诸生，董耀子。书画承家学，尤喜写梅。

凌霞也喜梅花，书画多与梅花相关。我曾在种芸山馆见他一叶泥金绢设色梅花团扇，简洁古媚，心向往之，虽委托山馆主人代购，仍被有力者强行夺去，至今尤有“美人已归沙吒利”之憾。

图62-3　凌霞书法成扇

图62-4　董念棻墨梅成扇

杨沂孙钱卿鉌的金扇子

箧中一件杨沂孙钱卿鉌的成扇，颇得我的喜欢。此扇一面为杨沂孙的行书，一面是钱卿鉌的花卉。原配十六档鸡翅木扇股，品相很好。

书题：“俊卿一兄大人属。杨沂孙。”钤朱文“濠叟”。画题：“俊卿仁兄大人雅属。伯声钱卿鉌写。”钤朱文“伯声书画”。书画俱雅洁可爱。

钱卿鉌（1829—1882），一名清鉌，字伯声，秀水人，聚朝子。咸丰八年（1858）举人。官苏州、常州知府。承家学，善花卉。见《寒松阁谈艺琐录》。

杨沂孙（1812—1881），字咏春，号子兴，晚号濠叟。常熟人。道光廿二年（1842）举人。官凤阳知府。工钟鼎石鼓，篆隶与邓石如相颉颃，气魄不及，而丰神过之。偶刻印，亦彬雅迈伦。

上款俊卿为吴昌硕。吴昌硕为吴渊长孙，吴氏家谱称吴渊“抚长孙俊卿尤有恩，至今俊卿言及辄涕下”。吴昌硕原排行第二，兄有宾幼殇。故称之为“一兄”。

杨沂孙以篆隶见称于世，其实他的行书柔中有刚，我很喜欢。我总觉得吴昌硕早期的行书与之有相通之处，一直想知道两人之间有没有交集。此扇则可证明至少有过一次。

图63-1　钱卿鉌花卉成扇

图63-2　花卉成扇另面杨沂孙行书

2018年于种芸山馆见欧阳利见雨金团扇一叶，以行楷录书论一则。字写得不错，品相也好。种芸山馆主人介绍欧阳利见（1825—1895）乃湖南祁阳人，字赓堂，号健飞。早年入湘军水师，长期与太平军作战，累至副将。后又在山东、河南、江苏与捻军作战。1881年擢浙江提督。中法战争期间驻镇海金鸡山，积极设防，在甬江口多次击退敌舰，击毙法帅孤拔。看到此处，我不觉心中一动。我祖籍镇海，居石塘下村。清末祖父达三公来上海，遂有我们上海一支。据此，则欧阳有拯镇海人民（包括我的祖先）之功。遂委托举牌将此扇面收入箧中。后翻检史料，则上述内容与《清史稿》所载大致相同。

最近偶尔翻阅刘体仁《异辞录》，卷二第四九则“吴杰战镇海被冤昭雪”一则，称欧阳利见贪庸冒功，参革真正的功臣吴杰。与此相关书中另有四七则“刘文庄之重吴武壮”和五十则“镇海击沉法舰之经过”。此处刘文庄即刘体仁的父亲刘秉璋。

刘秉璋（1826—1905），咸丰进士。初从李鸿章，后自领一军，在江、浙、鲁、豫一带镇压捻军，后官至四川总督。刘体仁的史学著作颇多，内容多得自其父辈，又因其文笔洗练，颇引人入胜。但书中说“法攻镇海之役”之功臣，“皆文庄亲庆军旧部”，又称战前“先文庄为战备，命吴杰守海口……提督欧阳利见，湘人曾文正之妻党远族……因文庄素轻其人，弗

图64–1　欧阳利见行书团扇

予增兵，亦弗重用”。在四七则中提到的吴武壮即吴杰，则是刘秉璋“视之最重”之人。我的感觉是刘体仁撰书时的个人主观好恶太甚，或不能实事求是，美化自己父亲的言辞较多，对提携刘秉璋的曾国藩和李鸿章也时有不逊之词。《异辞录》于民国初石印出版之时，曾因为触犯当时还在世的当事人而有删节。

反观欧阳利见，著有《金鸡谈荟》，应该也是对镇海战役的回忆，惜未能过目，否则可以看到双方各自的说辞。但1894年中日甲午战争起，欧阳利见以69岁之高龄，尚奉调赴前线，不幸中途病故。他一生戎马，未享荣华富贵。中法镇海之役，他至少是浙江提督，是战役的指挥官。他应该不会像刘家父子所言那么不堪。因此，这页扇面仍留箧中。

汪鋆笔下的徐震甲

晚清画史中，我颇喜汪鋆所辑纂之《扬州画苑录》。此书体例明晰，立论谨慎，文字又生动，特别是卷二和卷四中那些标为“拙补”、与作者同时代画家的条目。这些条目往往较长，更多细节，因内容乃作者耳闻目睹而有一种亲切之感。其中徐震甲条允称典型。

徐震甲（1817—1885），字东园，泰州人。在汪鋆笔下，他“倜傥多才，秉性慷慨。不为乡俗所囿，冠服甚都（穿着华丽）望而不知为寒士。肠热心善，凡友亲有结啬事，不避嫌怨，倾身排解……与人接物，和蔼可亲”。在绘画方面，他“少习山水，稍不涉法。中年自为收束。松树牡丹，其最善也，笔意雅近十三峰（张赐宁）。盖能提空而不滞也”。又讲了个

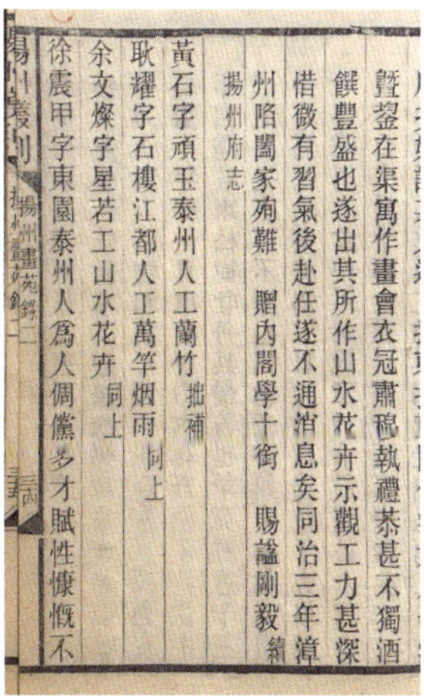
暨鋆在渠寓作畫會衣冠肅穆執禮恭甚不獨酒
饌豐盛也遂出其所作山水花卉示觀工力甚深
惜微有習氣後赴任遂不通消息矣同治三年漳
州陷闔家殉難　贈內閣學士銜　賜謚剛毅
揚州府志
黃石字頑玉泰州人工蘭竹 拙補
耿耀字石樓江都人工萬竿烟雨 同上
余文燦字星若工山水花卉 同上
徐震甲字東園泰州人爲人倜儻多才賦性慷慨不

图65-1　《扬州画苑录》选页（1）

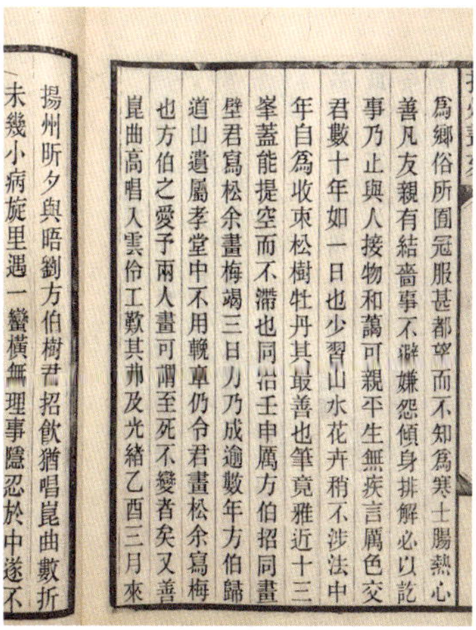
爲鄉俗所囿冠服甚都望而不知爲寒士腸熱心
善凡友親有結啬事不避嫌怨傾身排解必以訖
事乃止與人接物和藹可親平生無疾言厲色交
君數十年如一日也少習山水花卉稍不涉法中
年自爲收束松樹牡丹其最善也筆意雅近十三
峯蓋能提空而不滯也同治壬申厲方伯招同畫
壁君寫松余畫梅竭三日力乃成逾數年方伯歸
道山遺屬孝堂中不用輓章仍令君畫松余寫梅
也方伯之愛予兩人畫可謂至死不變者矣又善
崑曲高唱入雲伶工數其弗及光緒乙酉三月來
揚州昕夕與晤劉方伯樹君招飲猶唱崑曲數折
未幾小病旋里遇一蠻橫無理事隱忍於中遂不

图65-2　《扬州画苑录》选页（2）

故事:“同治壬申(1872)历方伯招同画壁。君(徐震甲)写松，余(汪鋆)画梅，竭三日乃成。逾数年方伯归道山，遗嘱孝堂不用挽联，仍令君画松余写梅。”原来两人之间还曾如此默契地合作，而且居然还有这样欣赏他俩的地方官员。

汪鋆(1816—?)，字研山，仪征人。工诗，邃于金石，善山水花卉。除《扬州画苑录》外，还有《十二砚斋金石过眼录》《春草堂随笔》等著作。我很想收藏一件他的扇面书画，但一直没有见到。箧中仅有他一开册页，画一拳石，有长题，表达了他对前贤阮元的敬仰之情。

后偶尔见到徐震甲的一叶竹石图雨金团扇，想起上引书中所记两人的关系，立即就收下了。画面处理疏密浓淡动静十分得当，又富情致，应是“中年自为收束”之作。虽还不算是得偿夙愿，也能稍慰我心。

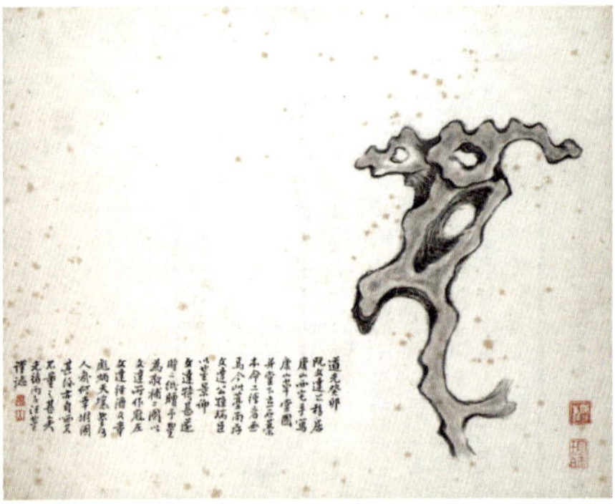

图65-3　汪鋆奇石册页

图65-4　徐震甲竹石团扇

法备趣足沈振铭

图66-1　沈振铭红梅扇面

秦祖永对沈振名书画颇为欣赏，定为能品。他曾见过沈氏所作花卉十二帧，“赋色妍雅，法备趣足”；又曾见为他的朋友所画的山水扇，“笔思苍浑，墨色淹润”。

曾借嘉兴友人姚先生之介得其一红梅撒金扇面，左下一石卧，其上一枝横出，缀数簇寒梅，虽极简洁，却也称得上“法备趣足”。上题：“道光己酉（1849）仿汉阳太守画法，请秦峰先生雅正。藕船沈振名。”品相完好。

嘉兴古称槜李，又称嘉禾，秀州，秀水，历代画家辈出，画风甚盛。享大名者有吴镇、项元汴、项圣谟、盛懋、姚绶、李晔等，而更多的是小名家如沈振名者。

《清画家诗史》收沈振铭绝句一首，题为《遥岑挹翠楼同梦花临画作》：“绮窗四面远峰环，日日楼头遣兴闲。却喜烟霞时供养，一枝枯管拟荆关。”

沈振铭

或作沈振名，字藕船，号老藕，又号御儿乡农。石门人。

擅花鸟。山水宗王原祁，书摹董其昌。工诗精篆刻，其所刻黄杨木章尤为诸名流所推重。有《求是斋印存》存世。

67

吴儁写真得古法

道咸间有江阴吴儁擅书画印，写生得古法。尝客京师，为戴熙、张穆和何绍基所重。

我有一柄他的成扇，作设色梅花，题曰："漫将煮石凌寒笔，试写荆公墙角篇。今夜月明何处笛，莫教吹落玉花钿。薌谷大兄大人雅正。吴儁。"钤朱文"吴俊"，俊与儁通。另面为杨沂孙以行楷书《淮南说山训》。此扇双面雨金，品相几近完美。惜未署年月，存世应该是一个半世纪以上了。配十六档竹股，为一个名召棠的文人所刻，乃其自书自制之扇铭："杼轴予怀，卷舒在手，清风徐来，与君消受，其虚在心，其秀在骨，裁一角之凉云，镂半规之明月。"辞甚雅，书法亦佳。上款为捷知，与书画上款不合，可知为后配。扇骨刻于辛未，或为嘉庆十六年（1811），或为同治十年（1871）。

另有一叶花卉雨金扇面，题曰："翠苑霞标，宋人遗法。玩其秾华，赏其劲骨。因制斯图，临南田翁本。次山二兄先生正。吴儁。"钤"吴俊"朱文，与前梅花成扇所钤似为同一印。

图67-1　吴儁梅花成扇

图67-2　梅花成扇另面杨沂孙行书

图67-3　吴儁花卉扇面

陆潮刘枢书画扇

二十世纪末，我从上海复兴西路近华山路的一家古董铺得此扇。当初那里有两家古董铺紧挨着，我与那两位店主都很熟，从他们那儿都找到过一些心仪的扇子。两家店如今早已杳然无踪。我的两个曾经的学生，王一扬和王汁，先后在那邻近处开了自己的精品时装屋，我去拜访他们的时候，会忍不住怀念起那些逛古董铺捡漏觅宝的美好时光。

这是一件双面雨金乌木直肩十六档足尺大扇，打开一看，刘枢行书精神奕奕，陆潮鞍马图古色古香，都十分精致，且触手如新。书题："澹舟二兄先生属，鸿甫刘枢。"钤连珠白文小印"刘""枢"。画题："时在癸丑（1853）天中日写于豫园湖亭之南窗，为澹舟二兄雅属。陆潮。"一印朱文不辨。

此二人俞剑华《中国美术家人名辞典》俱不载。当时艺术市场上把此辞典称为"大典"，"大典"不载就视为无名之辈。我觉得此扇书画俱佳，且咸丰三年（1853）画于上海豫园湖心亭，有一种既亲切又遥远之感，毫不犹豫就收下了。

事后从其他资料上查到刘枢为嘉庆十八年（1813）举人，字星璇，号鸿甫，充咸安教习，历任福建安溪、福安知县。道光廿三（1843）、廿四（1844）和廿六（1846）年三充同考官。工诗文，擅行隶，有《西涧旧庐诗稿》。又在网上见其致愚之先生的诗札，"……纷纷鼙鼓正喧阗，我亦移家感屡迁。柳月淞云幸无恙，权来海上避烽烟……”由此可知他在战争中到上海避乱情形。诗尾有跋称“壬戌（1862）立秋前三日鸿甫刘枢时年七十有六”，则又可推知他生于乾隆五十一年（1786）。此外在《红楼梦图咏》第二册中，刘枢与张问陶、姜臬、冯承辉一起题咏紫鹃等画像。

陆潮则在《五湖鱼庄图题词》（咸丰癸丑刊印）中与不少道咸名家一起作画，包括插图和为鱼庄主人写照。陆潮，字星岩，画技很高，或属于董其昌所谓“作家”之流。

对我而言，这是一件清代中晚期书画成扇的典型标本，其重要性（significance）远胜于许多所谓的名家之扇。

图68-1　鞍马图成扇另面刘枢行书

图68-2　陆潮鞍马图成扇

69

陈峦郭承勋书画成扇

陈峦，字野樵，海盐诸生，山水人物花卉俱擅，张鸣珂许之为能品。而郭照称其“但少清雅”。郭承勋号止亭，又号定斋。治印宗浙派，亦善书画。赵之谦曾于咸丰初访其嘉兴居所，读其数十通未成书之考释金石文字，并为其刻“郭承勋印”（白文）、“止亭所书”（白文）及“定斋”（朱文）三印。曹山彦亦曾为之刻“画禅”一印。

此扇为陈峦仿元人梨花白燕图，而郭承勋节录董其昌《画禅室随笔》。两人书画俱为随性之作，略显草率。时值戊午（1858），为咸丰八年。鸡翅十六档扇股，双面泥金，品相完好，触手如新。唯惜扇面各层之间，有脱胶失粘现象。清代优秀扇匠所用糨糊，调制极匀极薄，制得扇面，即便七层九层绵料，手感仍极柔韧。但时间一久，偶尔也会发生这种失粘状况。

图69-1　陈峦梨花白燕成扇

图69-2　梨花白燕成扇另面郭承勋行书

李嘉福潘绍棻书画扇

李嘉福（1829—1894），字麓苹，号笙鱼，又号北溪、石佛庵主、语溪老民等。石门人，流寓吴县。精鉴赏，富收藏，筑“阿宝阁”，藏品多项氏“天籁阁”旧物。得东汉梁伯冢六字残石。与翁小海交极厚。锐志学画，山水苍润，为戴熙弟子。又尝问字于何绍基，规仿秦汉。吴待秋丈人。

潘绍棻，字芹涵，元和人。咸丰举人，开化知县，潘绍荃胞弟。同治十一年（1872）曾写《洋货业修复咏勤公所碑记》。

扇为双面雨金十六档，沙地留青扇骨。画题曰：“九秋图成秋已尽，仙家花果四时同。丁卯（1867）十月仲英二兄大人属画即正。北溪李嘉福。”钤白朱相间之小印“麓苹画印”。书题：“仲英二兄大人正，潘绍棻。”钤“潘印”白文，“芹涵”朱文。

画作清供图，有一六角水仙盆内置佛手石榴等，一觚形瓶内插菊花等，案上另有石一座及花草散落，用笔用墨用色俱简澹雅洁。

潘氏以小楷节录古文一段。书画上款俱微有擦拭补笔之迹，疑原主人不愿买家得其长辈姓氏字号而隐去，而古董商又依残痕补上以求善价。

此扇2019年初得之于种芸山馆。李嘉福存世书画作品尚时有所见，但双面金成扇则罕遇，故得之颇喜，并识于日记。

图70-1　李嘉福清供图成扇

图70-2　清供图成扇另面潘绍棻小楷

张熊画扇

张熊（1803—1886），字子祥，号鸳湖外史，秀水人。工山水花卉，用笔浑厚，设色妍雅，早年得戴熙赏识。寓居沪上，对王礼、朱偁、任伯年等都有影响，亦早期海派画家之领袖人物。妻钟惠珠，亦能画。

张熊富收藏，所居称“银藤花馆”。著有《题画记》。能诗，《清画家诗史》录其五律一首：

> “箧里藏名迹，编中尽古人。才华盛昭代，笔墨有传薪。
>
> 南北蒐罗富，朋侪鉴赏真。羡君多慧业，愧我写蘩春。”

诗是题李玉棻的《瓯钵罗室书画过目考》，当时张熊还送了李玉棻一张自己的作品。

20世纪八九十年代，江浙沪一带的收藏界颇重其画。特别是嘉兴有一批企业家重视乡贤书画的搜求，张熊是他们的重点之一。近年来整个国内的风气变了，而嘉兴收藏家日渐减少，张熊也有些被冷落。但他在绘画史上的地位应该不会受到多大影响。

我藏有张熊的两把成扇一叶扇片，都是最近一、两年新收入的。另有一柄成扇，是他与胡公寿合作的。

其一为张熊花卉王藻墀行书双面泥金扇，十六档棕竹扇骨。画面仅一枝桃花横出，确实设色妍雅，姿态生动。题曰：“铸卿仁兄大人雅

图71-1　张熊画像

图71-2　张熊桃花成扇

图71-3　张熊花鸟成扇

属，癸未（1883）重五日仿周少谷笔意。八十一老人子祥张熊”。钤白文“张熊”。此扇多年前曾在我箧中，后被嘉兴贾人甘言巧取，去年又回到我处。

其二也是张熊画王藻墀书法。双面金玉竹十六档，小骨为合竹。画面上作海棠双鸟，题曰：“子祥五兄大人雅属，戊寅（1878）秋初鸳湖七十六叟张熊”。钤“张熊”白文。上款人碰巧也字子祥，张熊落款用印都注意避开了。

为张熊这两柄扇背书的都是秀水人王藻墀，他们经常合作。

另有一叶加金绢团扇，上作浅绛山水，山重水复，亭阁屋宇，小桥

图71-4　张熊山水团扇

人物，俱用中锋出之，若不经意而井井有条。题曰:“俭卿五兄大人属，甲申（1884）夏日仿石谷子笔意。八十二老人张熊”。钤朱文“张子祥”。

张熊、胡公寿的合作成扇，入藏最迟，乃吴门拍卖所得。此扇为双面泥金笺，芝麻竹直肩大股。一面胡公寿画卷石，张熊补菊花、杞子。另面胡公寿行楷录竹懒语。竹懒为明代画家李日华，胡公寿喜在扇头录其诗文。另外胡公寿与他人合作，也多由他绘卷石。

图71-5　张熊、胡公寿的合作成扇

图71-6　合作成扇另面胡公寿行楷

有癖可交的吴云

不做无用之事，何遣有涯之生。这句话已经成为流行语。当然这也仅适用于有闲且无大的野心之人。但是，与一点无用之癖也没有的人交朋友，总有点怕。

曾读到一本沈竹宾山水册页后的一段题跋，十分精彩，抄录全文如下：

“予平生最喜爱金石古玩之类，每见必得购藏为快，数十年来竟以成癖。故有商铜罍者，宝如拱璧。乃有顾子山观察闻余家有两罍，肯以所筑怡园易之。予不允也。想世之好古者，有我二人无逾于此。

今见沈竹宾先生墨山水册甚为精妙，望之竟与王耕烟无异。而此种笔墨，近世亦罕与之同匹，焉能勿使人爱之乎。遂购之重裱，故特志数语于后。退楼吴云识。”

这个吴云（1811—1883），字少甫，号退楼，又号平斋、愉庭，金石书画兼擅，而收藏富甲天下。跋语第一段，说过云楼顾文彬（子山）欲以怡园（如今为天下名园）换他的商代青铜器，他断然拒绝。说明他的收藏癖之深。第二段说他非常喜欢沈竹宾的山水，这一点我有同嗜，很想引以为知交。

但时空无法穿越，只能搜寻几件他的手迹，以申仰慕之情。

先从大阪得其书法泥金扇面一页。录水莽诸考。后从吴门得其雨金书画成扇一件，因品相欠佳，拆裱成两页扇片。书法同前一页，俱以颜真卿体作行书，录董其昌《画禅室随笔》。

画仿倪瓒水墨山水，并题数语如下：“‘未知似倪迂，今人无此也’。写为春田三兄雅教，弟吴云并录南田草衣句。”语颇自负。细谛之下，虽笔墨远不如，而生涩处流露一段萧散超逸之趣，正合云林胸襟。

图72–1　吴云行书扇面（1）

图72–2　吴云行书扇面（2）

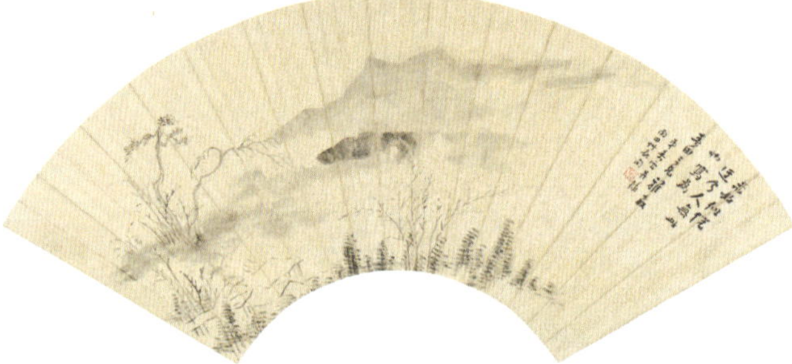

图72–3　吴云山水扇面

任熊好友姚复庄和周存伯

早年我曾经对任熊非常关注。欲求购其一两件画作始终没有如愿。转而搜集其好友的作品。首先是姚燮，曾得其一梅花册页，精彩异常。但当时我不知爱惜而失之，后悔不已。幸而又得其金笺花卉扇面一。后又曾得蔡照所刻扇骨两件，稿子是任熊的。而所得周闲扇画最多，至今尚有两成扇和两扇面。

姚燮扇面上作写意兰石，略添小竹及红叶一二枝，潇洒随意。题“拟吾家云东老人法。即似小亭尊兄正可。弟燮”。钤朱文“复庄”。题跋中之云东老人乃明代天顺（1457—1464）进士姚绶，善画，亦作竹石小品。

周闲成扇之一写设色菊花海棠。题曰：“詠芬大兄大人属，存伯周闲写”。钤白文“范湖余史”。另面为柴培基书法。梅鹿十六档扇骨，双面泥金扇面。

成扇之二。周闲写设色梅花水仙。题曰：“籽人五兄姻大人粲可。同治壬申（1872）冬

图73-1　姚燮兰石扇面

图73-2　周闲菊花海棠成扇

图73-3　周闲梅花水仙成扇

月周闲”。钤花押“周”。另面周作镕书法。梅鹿圆头十六档扇骨，双面泥金。

扇面一为金笺折扇白桃花图。题曰：“”萼仙六兄大人再属，周闲写。钤“存伯”。

扇面二为绢本团扇画紫藤，题曰：“拟南沙相国奉礼南先生大人鉴赏。同治戊辰（1868）初秋秀水周闲记”。钤“周闲之印”“存伯”。

姚燮（1805—1864）字梅伯，复庄，号野桥，又号大梅山人。镇海人。咸丰时侨居海上。道光十四年（1834）举人。工诗文，尤精填词，善写墨梅和白描人物及写意花卉。有《大梅山馆集》。《清画家诗史》录其“江上简刘朝元素画”一首：

“云凝柳不动，水动似流云。柳软燕难坐，水香鸥与薰。
短竿渔晒笠，横鬓女湔裙。刘子画春好，当能画夕曛。”

周闲（1820—1875），字存伯，号范湖居士。秀水人，居上海。道光末年客吴县。同治初官新阳令，与大吏龃龉，挂冠去。善画花卉，工篆刻。性简傲，喜远游，乡人鲜识之。与任熊友善。

任熊与蔡照是合作伙伴，而任熊与姚燮、周闲为师友之交。当然这种师友并不限于书画。任与姚之交，姚近师；任与周之交，任近师。姚燮与任熊关系，略似杨岘山与吴昌硕，王闿运与齐白石。《近代六十名家画传》称任熊“早岁默默，得姚梅伯而名始显”。“尝居蛟川姚燮家中，为作《大梅山民诗意图》一百二十帧，二月余成，为生平杰作”。这可视为任熊感谢姚燮得知遇之恩，故认真如此。此我个人的感觉，为一家之见，未经深入考证。

图73-4　周闲桃花扇面

图73-5　周闲紫藤团扇

74 双目炯炯李葆恂

图74–1　李葆恂行书扇面

晚清有一位书画金石的鉴赏大家李葆恂（1859—1915），于民国以来庞莱臣、钱镜塘、张伯驹、吴湖帆等人而言，他都可称得上是前辈楷模。

李葆恂原名恂，字宝卿，号文石，更号叔默、戒庵、猛庵、红螺山人。五十以后更号熙叟，辛亥后改名理，字寒石，号凫翁。奉天义州人。葆恂早慧，五岁能作擘窠书，九岁能属文，工诗善书，贯穿古人，自成一家，并于天文舆地绘画词典无不究。他淹博宏通，尤以赏鉴书画得名。

李葆恂之父李鹤年为道光进士，由编修、御史官至河南巡抚，曾奏请起用曾国藩，编练"毅军"和"嵩武军"，为中兴功臣。李葆恂虽为贵公子，却专心求学，勤于著述。他虽也曾由国子监生官至江苏候补道，然素薄宦情，笃嗜书画，为晚清鉴藏界一等重要之人物，缪荃孙慕其"深得鉴赏家三昧，为前人所未及"；王闿运"骇其通博精鉴如数家珍"。他的名声闻于四方，朋友同好们纷纷以书画相质问，甚至不相识者亦上门求教，古董商们更是"持其物欲得一言以为声价"。端方对他特别倚重，陶斋藏品，由李葆恂题跋者，多至三百余件。除了端方的庋藏，李葆恂还尽览"太谷孙氏、泽州陈氏……宝鸡党氏、商丘宋氏、陈氏"以及"孙文恪、王文敏、盛意园、张樵野、李芝陔"等当时大藏家之藏品，所以成其"巨眼高识，为世所称"。

李葆恂及其父亲兄弟都有同嗜，所以家藏珍异之品亦多，如范宽"雪山图"纨扇、杨无咎"墨梅图"大幅、马和之"葛覃图"绢本手卷、王蒙山水巨册（十开）、赵孟頫"中峰和尚像"绢本直幅、陈容画龙绢本大幅等等。

李葆恂文笔尔雅，论画评书，足以显幽述微，赏奇析疑。他一生著述极多，虽因清末动乱，颇多佚亡。幸有其子李放所辑《义州李氏丛刻七种》，后人仍可识其庐山面目。其中《有益无益斋读画诗》不仅论画且多纪事之言，持论平允;《海王邨所见书画录残稿》述书画名迹之流传大略，并加品评，所叙要而不繁，鉴定精确;《三邕翠墨簃题跋》四卷，卷二、三、四为书画，论古证今，趣语横生……

李葆恂存世书法作品不多。《中国古代书画鉴定实录》记载故宫博物院存其一册诗稿；天津市艺术馆存其"行书《所见书画录》二十四开真迹"。后者疑即《海王邨所见书画残稿》之原件。

近年我收藏兴趣有所转变，重画渐重于书法，喜年份较早者（明代或清早期）而轻于晚近者（晚清）。然而仍然入藏了一件李葆恂的书法

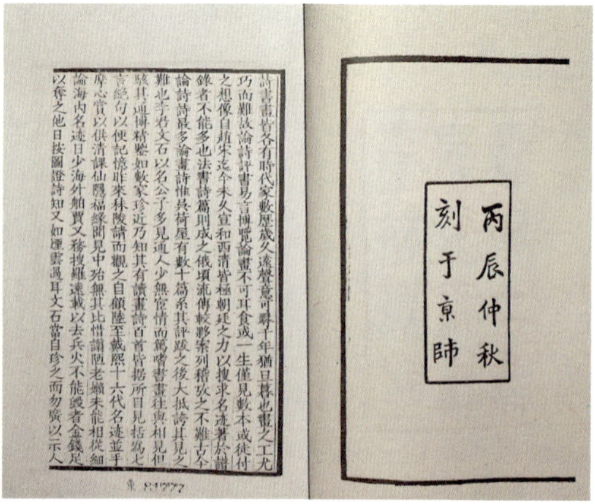

图74–2 《旧学盦笔记》内页

扇面，原因可从上述文字中找到答案，当然扇面本身也很可爱。

此扇面金笺，上以行书录其自作七律一首：“棋局长安渐不平，与君怀抱若为倾。青衫渍泪重重在，白发忧时故故生。醉后苦谭天下事，别来真见古人情。文章未是酬恩具，一翦长鲸答圣明。试明墨，弟葆恂。”钤白文“葆恂口钚”。书法雄健，挥洒自如。扇面金笺未称佳制，而墨色甚美。

灯下欣赏李葆恂书法，案上摊放着他的《旧学盦笔记》，灯影中仿佛见其炯炯双目，又仿佛听他口吟道：“晚知书画真有益，却悔年月来无多。”

75 前海派画家之王礼

王礼（1813—1879），字秋言，又字戴传，号秋道士，蜗寄生、白蕉研主等等不一。吴江人，寓上海甚久。幼嗜笔墨，从沈石芗游。见知于张熊，由张之推重而得名。然王礼作画，劲秀洒落，笔如刻铁，隽逸之气，令人意爽，耳目一新。他一改张熊谨守传统之工细花鸟，使张熊弟子朱偁改从王礼，开海派花鸟中劲爽一路。日本学者则称王礼为前海派。

我颇喜王朱二人，特别是前者，以为如果不是稍后出了个任伯年，他们都可以跻身于海派一流画家。古往今来，不知人世间有多少瑜亮之叹。

我早年亦喜王礼之创新精神，故入藏尤多。至今箧中犹有金笺扇面四页，成扇二件。

其一为紫藤翠鸟图成扇。双面泥金笺，芝麻竹十六档，足尺大扇，品相亦佳。另面王藻

图75-1　王礼紫藤翠鸟成扇

墀行书。王氏秀水人工诗文，能画擅书，经常以行书与张熊，王礼等合作。此扇作于乙亥（1875），为光绪元年，属于王礼晚期作品。

其二为梨花眠雀图成扇。双面金笺，足尺（34.4厘米）直肩桃丝十六档扇股，品相完好。画面上画一树梨花，上栖七雀，闭目缩颈，十分有趣。跋称“香梦沉酣。桐春大兄属。癸酉春（同治十二年，1873）拟元人画。秋道人王礼”此扇风格颇为清新流丽，一扫他往常的剑拔弩张之气。乃我箧中佳品。另面为冒际云书法。

其三为桃花燕子图。题为:“碧桃盛放，对景作此。桐荫仁兄大人正之。壬申（1872）莫春，白蕉妍主礼”。钤“秋言六十以后作”，朱文。此时王礼年甫六十，就钤用此印文，亦画人旧习。此扇画得甚好，全品相，然画中一燕倒飞，此王秋言画中常见。多年前张桂铭先生与我常交

图75-2　王礼梨花眠雀成扇

图75-3　梨花眠雀成扇另面冒际云行书

图75-4　王礼桃花燕子扇面

图75-5　王礼花鸟扇面

流收藏心得，他不喜欢这种姿态。

其四亦为花鸟扇片，画面作天青色喇叭花下一白色大鸟，题曰:“仙洲仁兄大人雅鉴。光绪己卯（1879）三月时客于沪上啸琴轩。仿唐解元画。蜗寄盦主王礼”。钤“秋言”朱文圆印。此扇作于光绪五年即王礼逝世之年。

其五为梅雀图扇片。题曰:“文五峰有两面画梅扇。夜窗弄笔偶一效颦。樱桃湖上客秋道人王礼秉烛拜誌于友竹山房”，钤“秋道人”朱文长方印。王秋言颇喜作梅花群雀图，我曾过目多件。

其六亦为花鸟扇片。画中作一溪彼岸有水仙数丛，此岸则有一巨松，一鹰飞掠其间。题曰:“秋圃仁兄大人雅属。辛未（1871）三月拟元人画意。蜗寄盦主王礼誌于雨窗”。钤朱文“秋言”。此扇题材不常见，画风较细，与平时不同，看来确有所本。雨窗寂寥，无客来扰，正好耐下心来细细体会古人笔墨。

王礼能诗，画中诗即其自作。题画亦时有隽语，并时一临古，此王礼胜过朱偁处。后人以王礼朱偁画风相似，辄以两人并举，而未察其间所存之差异。

图75-6　王礼梅雀扇面

图75-7　王礼花鸟扇面

前海派画家之朱偁

图76-1　朱偁白鹦鹉成扇

图76-2　白鹦鹉成扇另面汤经常行书

朱　偁（1826—1900）

初名琛，字梦庐，号觉未，嘉兴人。

与兄朱熊都曾师张熊，后改从王礼，画风由工丽变为劲爽。晚年更进一步，但未能脱尽剑拔弩张之气。他与王礼并称前海派。

我曾很喜欢他的作品，故入藏亦多。

成扇一：朱偁画白鹦鹉，汤经常行书，双面泥金笺合竹十六档扇股，大骨有竹斋线刻。画题："翰之七兄大人雅教，戊寅（1878）初夏梦庐朱偁写于海上。"钤朱文"偁印"。书题："翰之七兄大人属正。戊寅夏壎伯汤经常。"白文"经常"。此扇书画扇骨扇面精致完好。

成扇二：朱偁画翠鸟，另面松坪楷书。双面雨金十六档玉竹直肩股。此扇作于乙酉（1885），即光绪十一年夏。

图76-3　朱偁翠鸟成扇

扇面一为蔷薇花上停一白头翁，寥寥数笔颇传神。作于戊寅（1878）春三月。泥金笺。

图76-4　朱偁白头翁蔷薇扇面

扇面二为绿鹦鹉图。作于同治辛未（1871）。一鸟倒挂枝头，此图式为王礼常用。亦为泥金笺。

图76-5　朱偁鹦鹉花卉扇面

扇面三作一麻雀飞来欲停于白蔷薇上。此页画得精彩，虚实相间，麻雀妩媚可爱，无霸悍之气，在我藏品中为朱氏第一。雨金笺，未署年月。

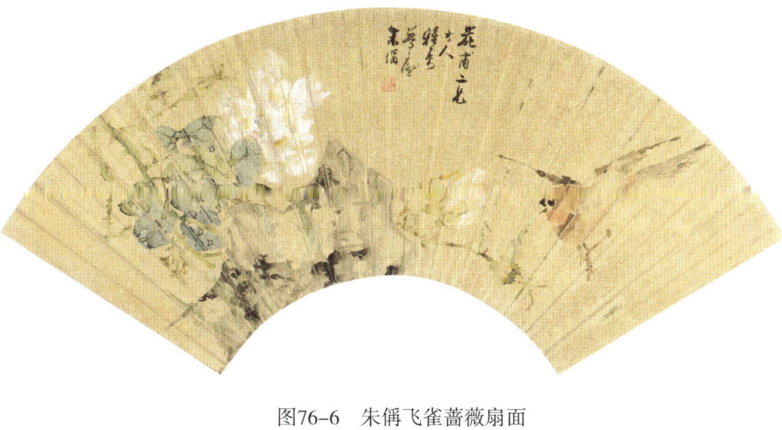

图76-6　朱偁飞雀蔷薇扇面

图76-7　朱偁白梅眠鸟扇面

扇面四为眠鸟图。画一白头翁停于白梅枝上，缩颈欲眠，画得较松。作于辛巳（1881）。泥金笺。

77

周峻墨竹

周峻，字云峰，吴人，《海上墨林》作涪州人。善画水墨兰竹，师蒋予检。张之万抚吴时，考试画学，拔为第一。

箧中有周峻墨竹成扇一件，作烟雨山中之竹林一片，远近疏密、高低浓淡极富变化，是他典型的画法。题曰："烟雨迷离图。己巳（1869）初夏为松龄司马大人雅正，周峻对临郑少亭本。"钤白文"云峰"。

另面等分为三个空间，本意或欲由三人分别书写，而现状是周峻以行书录七绝两首，王焕雯以小楷节录五言古诗，余三分之一空白。这种留有空缺待完成的格景形式有时会碰到。有藏家会请时人补空。

此扇双面泥金，十六档直肩鸡翅木扇骨，干净漂亮，既可玩赏，亦备一格。

图77-1 周峻墨竹成扇

图77-2 墨竹成扇另面书法

78

陶炳吉仕女意态孤冷

陶炳吉，字咏裳，江宁人。《海上墨林》称其“专画仕女，姿容秀丽，意态孤冷，独异于时”。又称他“工楷书，喜临十三行”。他的创作活动似应早于钱慧安，应可归入海派之先驱。只是他名不著，相关资料不多，研究海派绘画史者给予的注意也不多。

我于种芸山馆188期以极低价格拍得其泥金绢仕女团扇片一叶。画中女子一手执铜镜，一手理鬓发，眉眼细长略施粉黛，确实当得起“姿容秀丽，意态孤冷，独异于时”十二字。上题：“不教朱粉汗天真，常对菱花顾影频。故把蛾眉扫来淡，尚嫌不似虢夫人。同治八年八月为叔文老兄方家指正。咏裳弟陶炳吉。画时同客吴兴。”钤朱文“炳吉”，白文“咏裳”。款书作行楷，亦佳，已出王献之十三行窠臼。

此扇面我颇觉眼熟，多年前应在某藏家之图录中见过。当时就一见心动。想不到有缘入手，且品相完好，略无遗憾。审美是主观的，这才有人弃我取的现象发生。

图78–1　陶炳吉仕女团扇

此扇面我颇觉眼熟，多年前应在某藏家之图录中见过。当时就一见心动。想不到有缘入手，且品相完好，略无遗憾。审美是主观的，这才有人弃我取的现象发生。

赵之谦花卉扇面

我收藏古代扇面书画三十余年，过目经手入藏者不下千件，赵之谦的作品仅此一件，而且迟至2019年的下半年才辗转入藏的。

赵之谦（1829—1884），字益甫，号较多，常用的有㧑叔、悲盦、无闷等。他书画篆刻皆享大名。他使笔如刀，视纸若石。初法颜真卿，后专意北碑，篆隶师邓石如。花卉草木皆以书法出之，为清末写意花卉之开山，海派绘画之巨匠。事实上尽管《海上墨林》称其“时游沪上”，他明确至沪的具体记载不多，似乎他真正旅居沪上的时间较少。人们把他归诸海派，是因为他对海派的影响以及风格上的相合。

我所藏雨金扇面左侧画水仙数丛，右侧录诗一首，几乎各占一半空间。画水仙用粗拙线条勾勒花叶，略敷粉施色，总共二三十片叶，四五朵花，寥寥数笔却浓淡枯湿，错落有致，生机勃勃，形式感很强。

书用北碑作楷，略带行意，录诗一首：“逃劫十三行，流传墨有光。留宾千日酒，当日半间堂。水缋闻虚步，花移助晓妆。目迷锦绣段，颠倒认衣裳。仲丰二兄大人属画。同治壬申（1872）正月赵之谦。”钤白文“赵之谦”。

此年赵之谦四十四岁，人在北京，三月就将赴江西，因以国史馆誉录议叙江西分发知县。自此直至他逝世，沉浮宦海十余年，“老厕俗吏，骨节不媚”，“岂能易性，永志吾悔”。诗或为其自作。

赵之谦（1829—1884）

字益甫，号较多，常用的有撝叔、悲盦、无闷等。

他书画篆刻皆享大名。他使笔如刀，视纸若石。

图79–1　赵之谦水仙扇面

赵之谦此次客京师期间作诗颇多。前此二月，他自集诗作成《消寒第一集》呈潘祖荫，潘为之题跋，称“大集捧读三日，自口至心惟有佩服而已。觉二百年来无此手也”。

购入前预估此扇价甚昂，我对自己的鉴赏能力又不是很有信心，以高清图发好友何兮，而何兮称“好，喜欢”。遂不再迟疑坚持拿下。

十数年前，我发愿写《四任传人》，开始广泛收集四任的作品。书已于 2012 年出版，但任熊的扇画一件也没有收到，除了一册咸丰戊午（1858）五月刊的《剑侠列传》，这可视作他的版画。其余三任都有一些收获，由于个人爱好的关系，几乎都是扇画。其中最多的便是任薰之扇作。至今箧中犹有成扇二柄、扇片五叶。

成扇之一为任薰作高士图，人物开相似老莲，衣折之钉头鼠尾描已不复明显。另面汤经常的行书，署年为庚辰（1880），任薰四十五岁，正逐渐摆脱陈洪绶影响。双面泥金笺，象牙 / 棕竹直肩十六档扇骨，原配且品相较佳。

图80-1　任薰高士图成扇

任　薰（1835—1893）

字阜长，萧山人。

任熊弟，人物师陈老莲，工花鸟，偶亦作山水，存世作品较多。

成扇之二为任薰花鸟，易子亨书法。任画设色雅丽，用笔较松，虽未署年月，也可推测为中年以后的作品。

图80–2　任薰花鸟成扇

扇面之一为高士图雨金绢团扇。近景为一白衣人坐巨石上，石上略施青绿。右前方作两树迎风临河，岸边有朱栏碧草，一江横亘，远处有彼岸二三错落。虽用了红绿诸色，且衣纹勾勒、坡石皴染干净利落，却有一种类似倪云林小景的萧瑟之气氛。此叶在我任薰藏品中属于第一精妙者。

图80–3　任薰高士图团扇

扇面之二为雨金笺花鸟，一树枇杷，一枝海棠，一鸟立于枝头。设色雅淡，用笔简洁而有神。

图80–4　任薰花鸟扇面

扇面之三为山水人物，作于“雨夹雪”笺。画岸边一童子扶一老人，招呼一渔夫靠岸，不知有何典故。题曰:“必芗仁兄大人雅属，阜长任薰写于吴门。”钤白文“任薰”。此本一成扇，另面为邵松年书法。著录于《扇的艺术》第128页。我购得时发现已多破损，故请人拆裱成对折式扇片。《扇的艺术》为台湾地区台中市的历史博物馆1996年出版，所收多为黄天才旧藏，其中颇多精品。

图80–5　任薰山水人物扇面

扇面之四为绢本设色山水团扇。题曰："宽夫一兄大人雅属，阜长任薰写。"钤"阜长"朱文。此扇尺寸较大，任薰用湿笔淡墨，敷色而含水甚多，略加白粉点荷花，线条轻逸，画面空旷，较有特色。

扇面之五为绢本水墨花卉。题曰："硕庭仁兄大人雅属，阜长任薰写。"钤"阜长"朱文。此扇清雅绝俗，在任薰作品中难得一见。

图80-6　任薰山水团扇

图80-7　任薰花卉团扇

晚清海上画坛有一重要人物作英蒲华。20世纪90年代初，我初涉收藏时曾得其一幅纸本水墨山水中堂，乃逸笔草草粗头乱服之作，亦不知真赝，后不知何时失去。因一直不太懂蒲华作品之妙，箧中也从无他的扇面书画。

近年得识台州章君。章君擅画，醉心蒲作英，箧中所得尤多。他总说蒲画有“仙气”，不明所指，遂时常请教。所览既多，渐生好感，欲求一二入藏，并翻检前人著录以增了解。蒲华（1830—1911），字作英，秀水人。与张鸣珂同入邑庠。壮岁出游，居甬上较久，后定居上海，鬻画自给。早岁从周闲，规行矩步。后渐纵笔恣肆，画花卉意在青藤白阳之间。晚岁画竹，师文同，一干通天，叶若风雨。山水树石，取法石溪而加以变化，淋漓元气。书法笔意奔放，与馆阁迥异。工

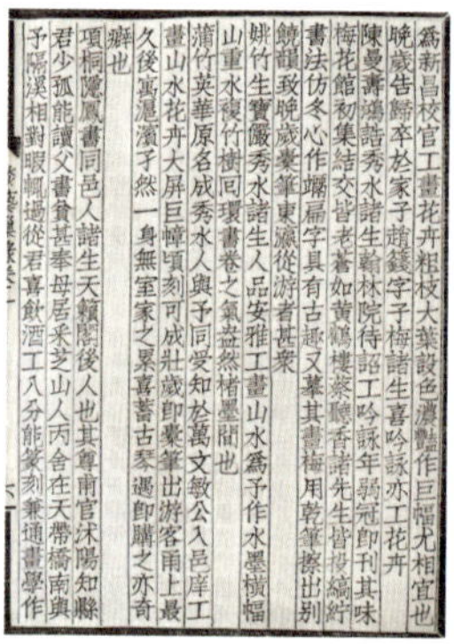
爲新昌校官工畫花卉粗枝大葉設色濃豔作巨幅尤相宜也
晚歲告歸卒於家子趙錢字子梅諸生喜吟詠亦工花卉
陳曼壽鴻誥秀水諸生翰林院待詔工吟詠年弱冠即刊其味
梅花館初集結交皆老蒼如黃鶴樓蔡聽香諸先生皆投縞紵
書法仿冬心作擘扁字具有古趣又摹其畫梅用乾筆擦出別
饒韻致晚歲橐筆東瀛從游者甚衆
姚竹生寶鑑秀水諸生人品安雅工畫山水爲予作水墨横幅
山重水複竹樹同環書卷之氣盎然楮墨間也
蒲竹英華原名成秀水人與予同受知於萬文敏公入邑庠工
畫山水花卉大屏巨幛頃刻可成壯歲即橐筆出游客甬上最
久後寓滬瀆孑然一身無室家之累喜蓄古琴遇即購之亦奇
癖也
項桐簃鳳書同邑人諸生天籟閣後人也其尊甫官沭陽知縣
君少孤能讀父書貧甚奉母居采芝山人丙舍在天帶橋南與
予隔溪相對暇輒過從君喜飲酒工八分能篆刻兼通畫學作

图81-1 《寒松阁谈艺琐录》选页

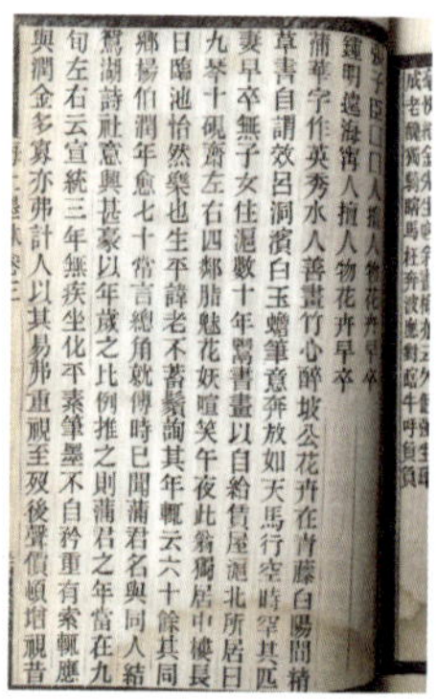
[illegible]
鍾明遠海甯人擅人物花卉早卒
蒲華字作英秀水人善畫竹心醉坡公花卉在青藤白陽間猜
草書自謂效呂洞賓白玉蟾筆意奔放如天馬行空時罕其匹
妻早卒無子女住滬數十年鬻書畫以自給賃屋滬北所居曰
九琴十硯齋左右四鄰脂魅花妖喧笑午夜此翁獨居中樓長
日臨池怡然樂也生平諱老不著鬚詢其年輒云六十餘其同
鄉楊伯潤年愈七十常言總角就傅時已聞蒲君名與同人結
鴛湖詩社意興甚豪以年歲之比例推之則蒲君之年當在九
旬左右云宣統三年無疾坐化平素筆墨不自矜重有索輒應
與潤金多寡亦弗計人以其易弗重視至歿後聲價頓增視昔

图81-2 《海上墨林》选页

图81-3　蒲华山水扇面

图81-4　山水扇面局部

诗，结鸳湖诗社，与吴昌硕交善。蒲华画同其人，天真率直，对所作书画不自矜惜，有索辄应，不计锱铢。故生前不甚为人重视，殁后方声价大增。

庚子秋冬我先后于朵云轩得其扇二。先得扇面一叶，纸本山水。题："筑室松下，脱帽看诗。丁酉（1897）小春，缵文仁兄大人雅正。蒲华。"钤白文"华"。画面于山水间有松三株，松下筑屋数间，屋中有人执卷吟哦，悠然自得。虽挥洒随意，然笔墨干干净净，布局从从

图81-5　墨竹成扇另面行书

图81-6　蒲华墨竹成扇

容容。来龙去脉，一目了然，活泼泼一派天机，并无蓬头垢面之感。虽松针长于人，亦无违和之感。询于章君，答曰：“很好，清旷疏朗。”

后得一成扇，纸本九档一柱香玉竹。一面行书：“桃花浪暖锦层层，劝尔渔郎莫下罾。恐有鲤鱼鳞甲变，龙门三月要飞腾。草屋柴门无点尘，门前秋水绿粼粼。中间有甚堪图画，满坞桃花一醉人。唐伯虎题画诗。偶录二截句为选青仁兄有道清赏。丁未（1907）夏日作英蒲华。”钤“作英”白文。一面画竹，题：“作潇洒出尘之想。丁未小暑节学梅道人。作英蒲华。”钤“作英”白文，“胥山野史”朱文印各一。此扇面画竹甚简单。又询章君意见，答曰：“霍霍生风。”

我 20 世纪 90 年代有幸与何兮同事于一设计学院，有憾于有些学生们不知珍惜得何兮老师指授之宝贵机缘，遂厕身其间从兮师游。从梅竹菊兰着手。甫数月兮师被征调入上海画院。就此不能继续追随左右，但似乎记得竹子那部分是完整结业了。今得蒲华之竹，遂又请教兮师，发图过去后有问答如下：

“请何兮拨冗示教。”

——“不错。”

“谢谢。蒲华画得那么简单，好在哪里呢？”

——“他的风格明显，笔笔到家。大家气息。”

“哦，我仔细看。”

——“竹子好画，但又是很难的。”

画好竹子很难。鉴别如何是好也难。

近朱者赤，我虽年逾古稀，愿得亲近智者、仁者、贤者，以求进步。

胡公寿任伯年师友之交

我有一柄胡公寿与任伯年合作的《石芝图》成扇，双面雨金笺，配十六档圆头象牙股。此扇十余年前得诸上海工美拍卖行，至今一直珍藏。此件藏品颇能揭示两人之关系。后又得一两人合作之山水、花卉绢本团扇，得相得益彰之妙。

胡公寿（1823—1886）名远，字公寿，号瘦鹤。华亭人。咸丰十一年（1861）至上海，卖画自给。买屋定居，称“寄鹤轩”。

胡公寿不但对任伯年初至上海时予以生活上的安排照顾，事业上推介支持，在书画艺术方面也有很大影响。我很早就对此加以关注。在2012年出版的《四任传人》中，我曾写下：“任伯年的山水画以及人物画的山水树石背景，受胡公寿的明显影响，书法亦有似胡公寿处”。胡公寿与任伯年经常合作作画，胡也经常在任的画上题跋。对于胡，任不仅尊重其人品画艺，也心存感激，故号“次远”，称其居为“倚鹤轩”。

胡远能诗，《清画家诗史》录其七律一首：

金紫何曾偶挂怀，石田茅舍自天开。
丝竿钓月江头住，竹杖挑云岭外来。
匏实晓收栽菜圃，土花春长读书台。
革除一点浮云虑，木笔题诗酒数杯。

不知是否受胡影响，任颐也能诗，只是不常作。有一件梅花扇，上题：“春来日日雨蒙蒙，动闭寒窗备晚风。赢得初晴新月上，梅花和影更重重。亦纯世兄两政。光绪甲申夏四月，山阴任颐伯年甫并记于海上寓斋”。既曰“两政”则此诗乃伯年自作。

我的这件成扇上，胡远画石而任颐补花卉。这是他们常用的合作方式。胡题曰："石芝图。去年秋归自茸城，于江干得拳石，其状如芝。今为秀山仁兄写其形，似缺处可请伯年补花卉。时庚辰（1880）八月公寿并记"。钤朱文“公寿”，白文“任伯年”。从题跋可知，此扇作于光绪五年，较我所藏之团扇“紫藤双鸟”迟一年。任颐补水仙，还是胡公寿推荐的。扇面虽属小品，但两人珠联璧合，胡公寿之石水墨淋漓（他善用湿笔），任伯年的水仙则“大虚大实（章承辉语）”。

另面为高邕之青绿山水，汤经常行书。此扇胡、任合一图，而高、汤分据另面左、右一半空间，各自作书作画，近似格景。这是旧时合作扇之两种常见形式。

图82-1　胡公寿、任颐合作成扇

图82-2　合作成扇另面青绿山水和行书

图82-3　胡公寿任颐合作团扇

图82-4　合作团扇局部（1）

图82-5　合作团扇局部（2）

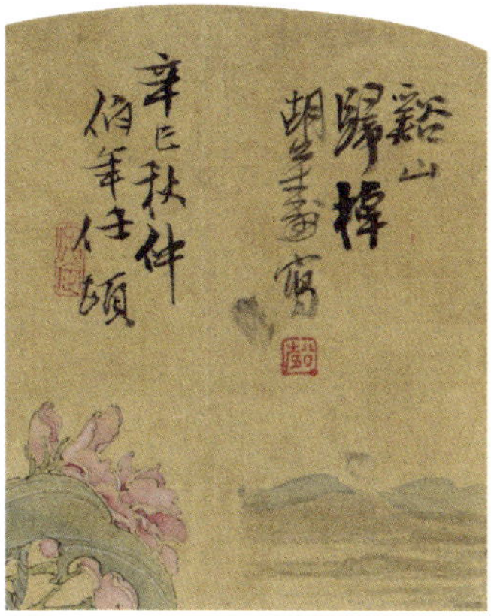

图82-6　款识

我新得之团扇为素绢面，胡公寿作浅绛山水于右，题作“谿山归棹。胡公寿写”。钤朱文“公寿”小印。画一崖峙立江边，下有水阁两间，秋树数丛。远岑几抹，遥在天边。而一叶扁舟，正欲靠岸。左半任颐工笔双勾，红花绿叶，风姿绰约。作于辛巳秋仲，为光绪七年（1881），任颐四十二岁。此年他画扇页甚多。

翌年四月，他与胡公寿等合作《东海省亲图》长卷，胡公寿题首，杨伯润绘图，任伯年继之，张熊补山坳野屋，朱偁绘卷尾。六月曾与胡公寿合作《蕙兰图》，伯年写蕙而公寿补石并题。

我另有胡公寿行书金笺扇面一页，录竹嬾语蜀僧无边轶事。公寿行书潇洒自如，似更胜其画。他于晚清画坛享大名，赝作甚多。我以为凡是题跋书法不能挥洒称意者必假。

我箧中另有胡氏花卉册页十开，粗枝大叶，乃其本色。

图82-7 胡公寿行书扇面

图82-8 胡公寿花卉册页（1）

图82-9 胡公寿花卉册页（2）

图82-10 胡公寿花卉册页（3）

图82-11 胡公寿花卉册页（4）

任颐的两页花鸟金团扇

我曾经入藏两页任伯年的金笺团扇面，都是十几年前先后从拍卖会上所得。那时一介书生两袖清风，既无经济实力，眼光又不好。拍前战战兢兢探究真假，拍时哆哆嗦嗦计算口袋里的钱够不够。记得其中一叶的竞争对手是杭州人 M 先生，他是位篆刻家，西泠印社社员。事后他后悔自己放弃太早了。

五六年前，一位以前的学生与他弟弟联手办一个明清扇面展。他们缺一张任伯年，辗转通过校友赴沪找到我请求帮助，希望能割爱，让一张给他们。我这个学生读书人品都不错，是我初为大学教师时教的第二届。这个设计专业的学生，特别是开始几届的，都很优秀。我的阿喀琉斯之踵是不太好意思回绝自己喜欢的学生。两人忆旧以后，不但答应让给他其中之一，而且还请他自己挑。

我现在还宝藏的那叶是“紫藤双鸟”，鸟之神态可爱，双目灼灼；伯年疾如风雨的几笔，就把喙爪翅尾交代得清清楚楚。此扇作于庚寅光绪十五年（1889）。徐悲鸿称“庚寅为伯年先生五十岁（丁羲元的算法是五十一岁），是其最成熟期”。

任伯年的作品，以前收藏数量最多的或为两个人。一位是钱镜塘，他的藏品多精品巨幅；另一位是徐悲鸿，多粉本、草稿和半成品。但徐悲鸿也有一件作于庚寅的“紫藤翠鸟”，他颇引为自豪，于癸巳中秋购得，并加题记。

图83-1　任颐花鸟团扇

图83-2　任颐花鸟扇面

这件作品任伯年所钤之印有点缺损，所以我的学生选了另外一件，当然也非常好。记得好像是“桃花双燕”。

2019年我的一位安徽朋友又为我觅得一枚任伯年的花鸟雨金折扇面。画的是桃花一枝横出，上面停一白头翁，又名白头鹎。画得憨态可掬。题曰：“辅岐仁兄大人雅正。光绪已卯年（1879）夏伯年任颐。”钤白文“任颐印”。此扇作于任颐四十岁时，这一年海派画家集会甚多，任伯年已崭露头角，与大家合作交流。存世有他与任薰、王礼和沙馥等七位名家合作的花卉扇面。

就这样，寒舍的两叶任氏团扇，变成了一团扇、一折扇。

吴昌硕早年扇书

吴昌硕（1844—1927），原名俊，后改俊卿，初字香朴、香圃，又字仓石、苍石、仓硕。后改昌硕，七十岁后以此行。别署甚多，兹不赘。吴昌硕是中国近代画坛的领袖人物，也是海上画派的重镇，治印、书法和绘画俱享大名。我个人偏好他的书法，其中又特别喜欢他的小行书，字虽小而豪纵阔放，如庐山瀑布，飞流直下，一气贯通。

我曾有一柄他的纸本画扇，重墨浓色作罂粟花一丛，上题自作《念奴娇》一首，极精。2013 年，我大病一场后失去。

如今箧中尚存他雨金书扇一帧，题曰："右录沈石田先生诗。子长仁兄大人正字。壬辰（1892）五月昌硕吴俊。"钤朱文"吴俊"。此吴氏四十九岁时作，他年初客居杨见山迟鸿轩，五月或仍在苏州。吴昌硕楷书从颜入手，并及钟繇；行书则先后师王铎、欧阳询

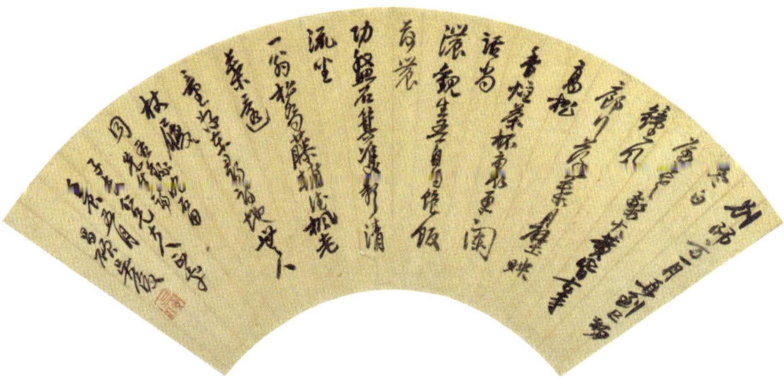

图84–1　吴昌硕行书扇面

和米芾。此扇行书近楷，刚中带柔，尚存钟繇米芾遗意，颇堪玩味。《吴昌硕全集·书法卷一》著录。

吴昌硕与杨见山交极厚。杨见山长吴昌硕二十六岁，两人介于师友之交，吴从杨进修文艺，切磋诗书金石。吴昌硕一生好学。他十七岁遭寇难，五年流离，学殖荒落，他一直以此为憾。所以他想方设法求见当时文坛长者，虚心求教，孜孜不倦。同治八年（1869）他赴杭入诂经精舍，成为俞樾弟子，第二年冬才回安吉。光绪元年（1875）他曾馆于陆心源家，光绪五年（1879）馆于吴云两罍轩，又因潘祖荫得识吴大澂，使他不但有机会得见这些人家藏书画古器物，也从他们身上学到不少东西。吴昌硕嗜诗成癖，临终前犹吟咏不已。他在诗词创作上的成就，得力于谭献的指点不少。箧中有吴昌硕写给谭献的一封信，信中内容可见吴昌硕求知欲上进心之强烈。当然，吴昌硕的努力也得到这些高人名家的认可。

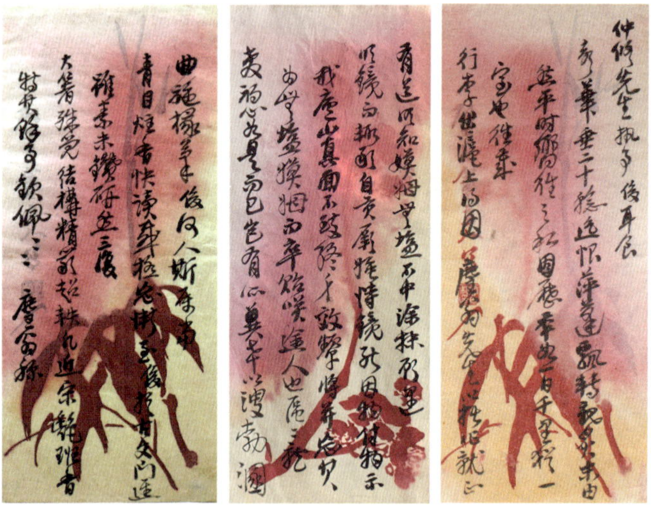

图84–2　吴昌硕写给谭献的信（1）

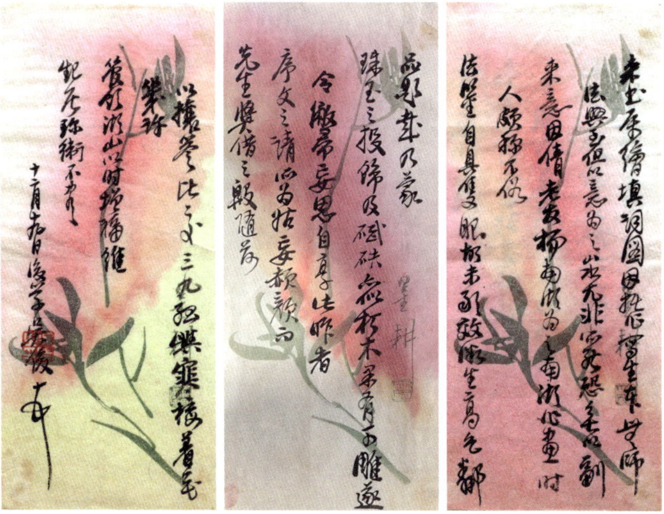

图84-3　吴昌硕写给谭献的信（2）

光绪十三年（1887），谭献为吴昌硕题诗稿称："此君书画篆刻兼擅，以簿尉吏隐者也。"又说："安吉吴昌硕诗篇峻刻，剥落凡语，有傅青山、吴野人之遗风。"

吴昌硕乃大器晚成之人物。晚年名满天下，日本人尤多崇拜，上门求书画篆刻者不绝。吴昌硕下笔又快，故晚年作品存世犹多。其早年作品反而不易得，而对他一生创作面目变化的研究必不可少。

85

扇上高士图

中国的山水画，不同于西方风景画之要点，在前者有文人情怀之移入。故在山水画中，布置或多或少的文人雅士徜徉其间，或可以加强此点。人物画得细小如蚁如豆者，一般就称为山水画；人物画得大而背景寥寥数笔者，就成了人物画；人物山水并重者，或可归之为人物山水。其中或有典故，曰兰亭雅集，曰赤壁夜游，曰梅妻鹤子等等不一；也有无所凭借指认者，则可驰骋想象。旧时文人手执一扇，上绘高士，正有以自况，有所寄托。晚清善绘此题材者，首推海上三任。但箧中也有几叶金扇面，出自小名家之手，亦颇可玩赏。

其一为胡璋所作。胡璋（1848—1899），字铁梅，又号铁道人，胡寅子。工花卉山水人物。久客沪上，又曾游日本，颇受欢迎，

图85-1　胡璋高士图扇面

亦海派名家之一。此扇亦取法陈老莲，但有自家面目。

其二为郭福衡所作。郭氏字友松，自署娄村老福，娄县（今松江）人。同治十二年举人，性僻诞，多才艺，工画人物。然而我所见他的扇画多件，俱下笔潦草，屋宇东倒西歪，人物粗头乱服。也许这种不为常人所喜，所以他存世作品多污损较重。而此扇面洁净，寥寥数笔，小桥流水，春意盎然，一人神情萧散。上题：“月夜徐行石桥上。苦瓜青藤两家有此等笔意。今仿为曼石仁兄大雅正之。老眼昏花殊可哂耳”。自谦中透着自负。我以为允称郭氏精品。

图85-2 郭福衡高士图扇面

其三为何翀所作。何翀号丹山，号七十二峰山人，室名竹清石寿之斋。南海人。画面上二人立于月下，一人仰首观月，一人拱手若有所思，两侧俱有竹树山石。上题：“几竿斜竹影，随月上人衣”。作于癸酉（1873）十月。何翀人物花鸟山水俱精。虽以卖画为生，却不趋势附炎，豪家以重资求画，何翀常以其不能真赏而却之不与。画中人萧然世外之情景也许正是他自己所向往的。

其四为潘锦所作前赤壁赋图，为净澈禅师作。画面上一叶小舟行于石壁之下，符合赋中“山高月小水落石出”之描述。舟中除一童子

图85-3　何翀月下人物扇面

图85-4　潘锦前赤壁赋图扇面

煮茶一艄公荡桨，船篷下三人，戴高巾者为东坡，僧衣者为佛印，另一客吹箫，颇觉生动。潘锦字昼堂，号醉烟道人，无锡人。工诗词，善书画，山水人物均合古法。

潘锦扇画似乎存世不多。我在加拿大多伦多的安大略皇家博物馆曾见一柄折扇一叶团扇。前者为金笺设色荷花图，作于丙戌（1886），后者为素绢采荷图，作于乙酉（1885），两件画得都很好。

杨柳桥和杨柳谷

晚清画坛，有常熟人杨柳桥、杨柳谷兄弟。《海上墨林》称杨柳桥“工画细柳，清溪碧山，自成一派”。后改名为《断肠碑》的《海上尘天影》也有一段记载：“近时的名人杨柳桥、杨伯润的山水，胡公寿、汤埙伯……的字亦有十余种。”此虽小说家言，却也反映了杨在社会上的知名度。

杨柳谷在《海上墨林》中也有记载，称他“画如其兄”。《中国美术家人名辞典》引《韬养斋笔记》则称：“杨念伯字柳谷，以字行。善画柳，设色参以西法，尤觉生动。山水清超绝俗，尤擅摹古。”

杨柳桥传世作品中有落款“念井”及“杨耕”者，类比杨柳谷名念伯，或可推断杨柳桥名杨念井，又名耕，字柳桥，以字行。

《二十世纪上海美术年表》记载，1912年，刘海粟发起筹办图画美术院，参与者中有汪亚尘、杨柳桥、夏剑康等人。1913年1月，图画美术院正式成立，杨柳桥也在教师名单中。这位杨柳桥，有时也署款杨惺惺，我藏有他作于1914至1915年的水彩。这两个杨柳桥是否同一人暂时无法断定。《海上墨林》出版于1919年，作者杨逸逝世于1929年，他在书中不收尚在世的画家，则杨柳桥至迟死于1919年之前，所以两种可能性都存在。

杨柳谷的身世颇有令人迷惑之处。罗尔纲的《太平天国史稿》卷六第84页《叛王表》中有杨柳谷，其人于“太平天国癸开十三年（1863）十月初五以东坝叛降满清”。其根据是曾国藩于同治二年（1863）的一封奏折。有人甚至见过署名“随王杨柳谷”的作品。

我藏有兄弟二人金笺扇面各一。杨柳桥所作为青绿山水人物，题曰：“秋江晚渡。仿元人本，柳桥。”钤“杨耕”朱文印。画面上有屋数椽、楼一座、人七、舟一及山峦树木，设色明丽虚实有致。

杨柳谷这页画一人坐小舟仰首望飞鸟，岸边有芦苇杨柳，逸笔草草，略施青绿。题曰：“癸未（1883）夏和月，柳谷杨念伯。”钤“柳谷”朱文。

兄弟两人的扇面上确实都画了杨柳，正如杨逸所记。

图86-1　杨柳桥山水扇面

图86-2　杨柳谷山水人物扇面

吴滔山水成扇

图87-1　吴滔山水成扇

上海曾经有一位收藏家夏老先生，家中之名家书画数量非常多，其中不乏国宝级的重器。20 世纪 90 年代初，好友吴教授曾陪同我去拜访过他。他家住徐汇区一幢别墅，园中遍植各种玫瑰月季，方知他还精于园艺。我的这柄吴滔成扇便是从他手中获得。当时我初涉收藏，正需前辈提携、友朋支持。

吴滔（1840—1895），字伯滔，号铁夫，又号疏林，石门人，以字行。能诗善书，山水初学奚冈，晚年雄放，苍秀沉郁，水墨淋漓，一洗枯槁甜俗之习。门下弟子众多。他终年杜门作画，不预外事。

此扇一面为吴伯滔所作水墨山水，题曰：“拟李长蘅。少瑜二兄大人正。壬午（1882）四月吴滔画于秋水野航。”钤朱文“伯滔”。李长蘅即李流芳，此页仍是吴滔自家面目，与李流芳颇不相类。另面为周庆贤楷书。扇为双面雨金，十六档紫檀直肩股。

我还有几件他弟子的成扇。其一为姚鋆设色山水双面雨金成扇。题曰：“步步梅花里，迟迟过石梁。万山青涧合，一路白云香。拟筠青仁兄大人雅正。壬辰（1892）午月栖谷姚鋆作于海上。”钤朱文“鋆”。姚氏亦石门人，“山水得其师传”。另面为金元济书法。

其二为叶直水墨山水成扇，单面雨金，芝麻竹股。题曰：“荣襄三兄大人正之，丁酉（1897）四月叶直。”钤朱文“古愚”。叶氏亦石门人。或称其“笔意古秀，能出师右”，则有溢美之嫌。另面雨金，为张鸣珂（1828—1908）行书（见《寒松老人张鸣珂》）。

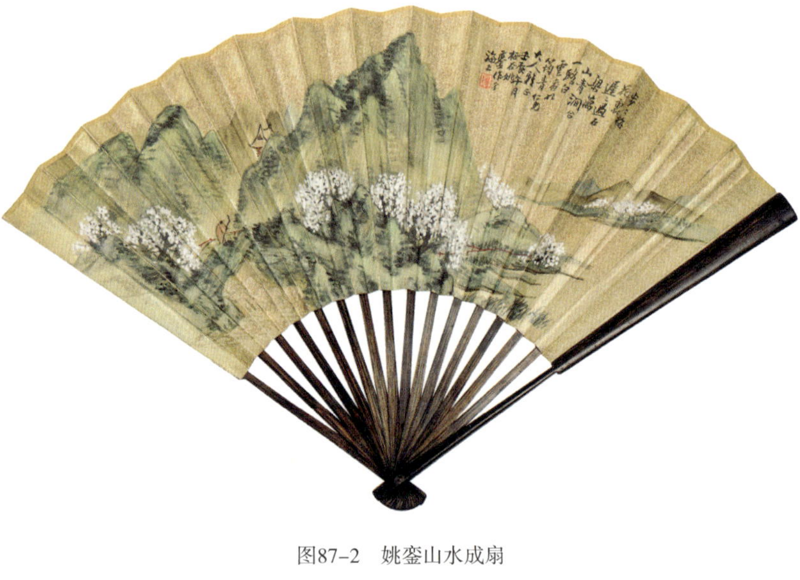

图87-2　姚鋆山水成扇

图87-3　叶直山水成扇

图87-4　山水成扇另面张鸣珂行书

88

寒松老人张鸣珂

张鸣珂（1828—1908），原名国检，字玉珊。后字公束，号窳翁、慧修道人，斋名寒松阁。嘉兴人，好吟咏，嗜书画，多著述。其中《寒松阁谈艺琐录》六卷记咸丰、同治、光绪三朝画家，虽不尽论书画，兼及诗文，但颇有不见他书者，不失为治中国近代艺术史之重要资料。我有1908年上海聚珍仿宋印书局出版的此书一册，常置手边，以便翻阅。

张鸣珂另有《寒松阁题跋》一卷和《寒松阁诗》四卷等著作行世。诗集前有潘振节所作其七十六岁小影，以及郑文焯所书像赞。谢巍称此像赞文字录于《寒松阁谈艺琐录》之“郑文焯”条中，弥可珍贵。

张鸣珂亦善填词。他对谭献十分仰慕，这一点与吴昌硕相似。我藏有一通他所录自作《绮罗香》一阕，呈请谭献指正。

我所藏张鸣珂书扇一柄，雨金笺，芝麻竹扇股，以行书录恽南田绝句。他的书法，严谨中见奔放，似从欧阳询“张翰帖”中所出。此扇品相很好。另面为叶直所作山水（见“吴滔山水成扇”）。

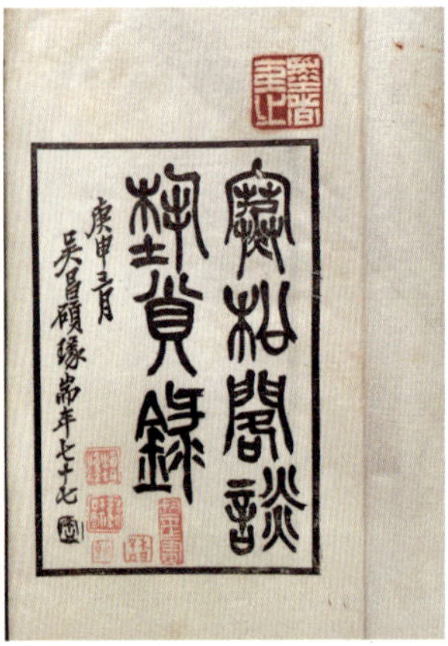

图88–1　《寒松阁谈艺琐录》内页

图88-2　张鸣珂像

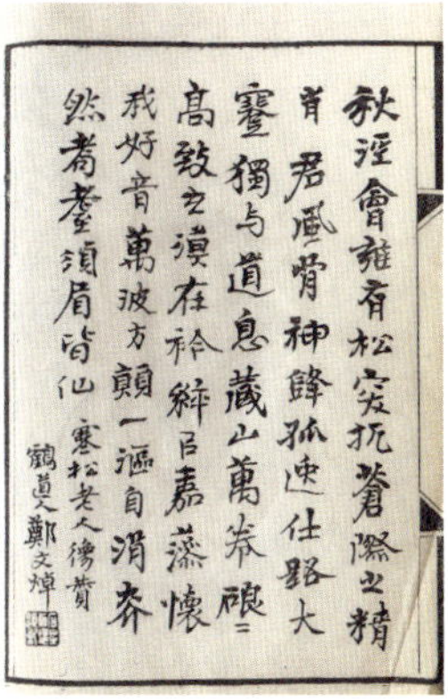

图88-3　郑文焯书像赞

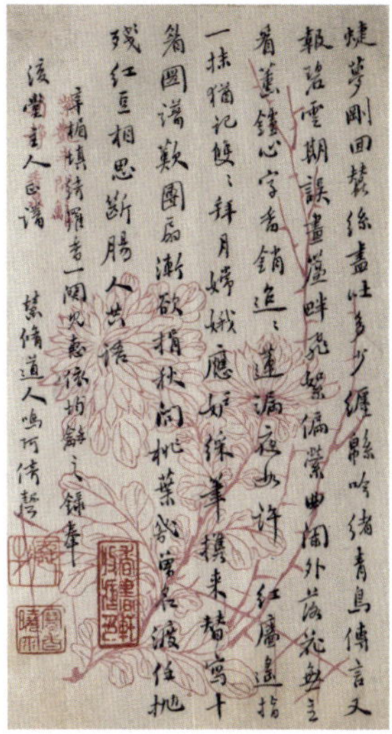

图88-4　张鸣珂作《绮罗香》

图88-5　张鸣珂行书成扇

89

吴石仙陆润庠书画扇

我有一柄吴石仙山水、陆润庠行书成扇。

吴石仙（？—1916），名庆云，号泼墨道人。上元人，流寓上海。工山水。曾赴日本，颇受日本人影响。归来后多作烟雨图，墨晕淋漓，烟云生动，继承发展了米家父子和高房山的传统，并参用西法，注意阴阳向背的表达。此扇画上题曰："仿米南宫烟雨归邨图。丁酉（1897）夏日，子泉二兄大人雅属即正。白下吴石仙。"钤朱文"石仙"。

我另有一叶他画的金笺扇面。上题："烟云归帆。拟米海岳笔法。辛卯（1891）秋日藻翰仁兄大人雅正。白下吴石仙写于申江客舍。"钤白文"庆云印"。两者题材格局都相仿。扇页较早，尚用"庆云"印，纯用水墨，画得比较工细。成扇画得更为空蒙，虚实相间，且稍稍用色点醒，技法风格更加成熟。

陆润庠（1841—1915），字凤石，元和人。同治十三年（1874）状元，官至都察院左都御史。擅书，清华朗润，意近欧虞。此公存世代笔旧赝甚多。此扇写得潇洒灵动，的真。

图89-1　吴石仙山水成扇

图89-2　山水成扇另面陆润庠行书

图89-3　吴石仙山水扇面

主审杨葛冤案的夏同善

我有一柄夏同善书法成扇。

夏同善之所以广为人知，是因为他主审所谓“杨葛冤案”，民间俗称“四大奇案”之一的“杨乃武与小白菜”案，使之真相大白，涉案的数十名贪官恶吏受到处分。此事后来被改编成评弹和戏曲，变得家喻户晓。

夏同善此扇以行书节录前人信札。他以文章好著称，并不以擅书法著称。但进士出身的他书法也不会差，此扇可以为证。另面程恒山水。扇骨为海峤刻仕女（尧生稿）隶书，书画竹刻均为吟松上款，也是一件时下市场上所谓的“套扇”。扇面为双面雨金笺，品相则略有破损。

夏同善（1831—1880）仁和人，字舜乐，号子松，咸丰六年（1856）进士，历任编修、兵部侍郎、刑部侍郎、直隶学政和江苏学政，并与翁同龢同直毓庆宫授读。《清史稿》有传。

图90-1　山水成扇另面夏同善行书

图90-2　程恒山水成扇

鲁琪光书扇

在当下的艺术市场上，鲁琪光的作品依然较受欢迎，价格也比一般晚清翰林书法要高。我对他并不十分关注，但未能免俗，也收了他两件。

其一为鲁琪光与谢纶音的书画成扇。鲁氏以行草录史论一则，尚称潇洒飘逸，谢纶音画没骨牡丹，时在丙戌（1886）暮春。画于绢面而书于片金面，扇骨为紫檀/鸡翅直肩十六档。

其二为行书雨金团扇面，录画论一则，似更胜前者。平心而论，鲁琪光作字并不能讥之以甜熟；我未见其楷书，也不知他有无馆阁气。

图91-1　牡丹成扇另面鲁琪光书法

鲁琪光（1828—？）

字芝友，江西南丰人。

同治七年（1868）进士，散馆授编修。历任陕西道御史，山东登州知府和济南知府。文章道德，有名于世。擅书法，兼学欧米，颇为人喜，求书者众。著有《南丰风俗物产志》。

图91-2　谢纶音牡丹成扇

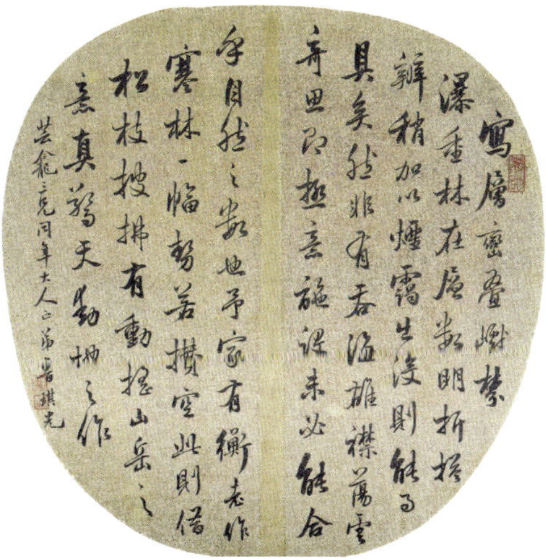

图91-3　鲁琪光行书团扇

92

金德鉴山水

我对金德鉴感兴趣，除了他的山水确实画得不错，特别是画在扇面上的小品，另有三个原因：一是医者画画多与专业画家不同，与生计无涉故能从容不迫，好整以暇；二是他可归入海派山水画家之佼佼者；三是他与陆兰生的夫妻合作可称双璧，双琯阁之名应由此而生。钱慧安之双管楼亦与之相似，但略有雅俗之分。

我藏有他的两叶扇面，都是金笺山水（金德鉴喜用金笺）。其一乃其早年之作。乃浅绛山水，题："戊申（1848）秋日拟唐解元松溪高逸。德鉴。"钤"德鉴"白文。胡佩衡曾说金笺成扇作浅绛山水最不讨好，因赭石着于金面易浑浊。然此帧中无此病，金德鉴或赭石中略加了一点朱砂？

其二青绿，构图颇见匠心，双题。一曰："宝之吟兄乃读书有得之士，廉洁自守，恬淡无欲，令人敬仰无已。写此溪山高士图并系小诗奉赠，即祈正是。乙酉冬十月之望，七十六叟金德。"钤"保三"朱文。一曰："秋林疏雨过，远岫烟中碧。山径杳而深，门无往来客。夕阳敛影斜，归马飞何急。各有会心处，水亭人语寂。德鉴又题。"钤"德鉴"白文印。题中"读书有得廉洁自守恬淡无欲"亦即金氏之自期自诩。诗系自作，亦新警可诵。

金德鉴（1810—1887）

字保三，号前释老人，室名双琯阁。元和人，侨寓上海。

精研医学，悬壶沪北，曾辑刊多种医书。工山水，细腻熨帖，秀润苍郁，颇有古意。仿文、赵诸家青绿山水，尤精妙入神。《海上墨林》有小传。妻陆兰生，字芝田，号芝田女士，能书擅诗。

图92-1　金德鉴山水扇面（1）

图92-2　金德鉴山水扇面（2）

林开謩姜筠书画成扇

林开謩（1863？—1937），字益苏，号簃疏，福建长乐人。光绪乙未（1895）翰林，散馆授编修，官至江西提学使。《一士谈荟》中有文记其轶事："民廿六（1937）春，南游赏梅，得病而归，五月间卒……卒后陈宝琛、夏仁虎、陈衍、陈夔龙、林灏、周善培、杨钟文等有挽联挽诗。"可知他入民国后闲居做寓公，在一班文人遗老中颇有人缘。

姜筠（1847—1919）字颖生，号大雄山民，怀宁人。光绪十七年（1891）举人，官礼部主事。山水学王翚，笔墨浓重，构图饱满。书学苏轼。其书画俱有时誉。不喜此一路者则称其"殊乏清疏之气"。

此扇林书于泥金笺，行楷录七绝二首，其一为：

夜静依栏景最幽，担风荷月两肩秋。
爱看一带亭工影，十二湘帘不上钩。

诗颇清雅，不知是否自作。姜画设色山水于纸本，题曰："江山无限景，都在一亭中。张宣句。戊戌（1898）十月三日写为少仙仁兄世大人正之。颖生弟姜筠作于京师。"钤白文"姜筠"，朱文"颖生"。

扇骨为十六档直肩紫檀，扇钉有钱文，品相较好，颇可把玩。

图93-1　山水成扇另面林开謩行书

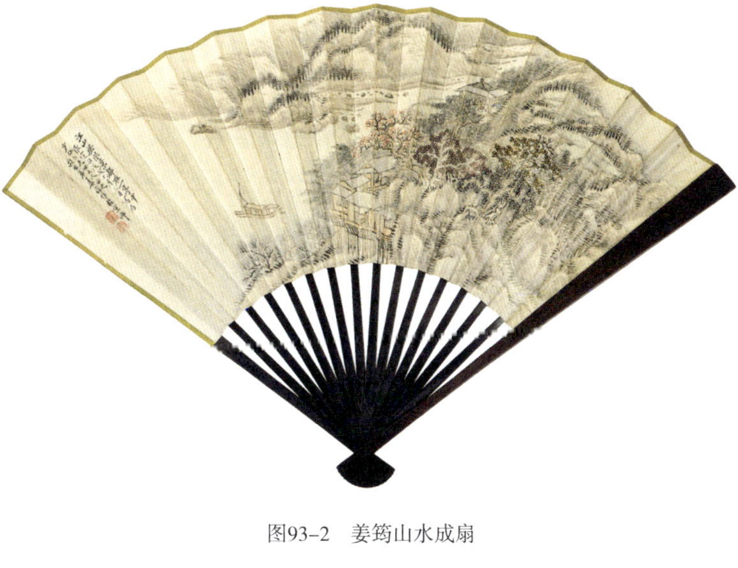

图93-2　姜筠山水成扇

冯文蔚张树荧书画成扇

冯文蔚（1841—1896）字莲堂，后改联棠，号修盦，乌程人。

光绪二年丙子恩科探花，历官编修、侍读学士和侍讲，光绪八年（1882）曾出任河南学政。善书。

我有一柄冯文蔚和张树荧的书画成扇，虽然不是什么了不起的稀罕物，但敝帚自珍，十分喜爱。

此扇，冯文蔚于“戊寅（1878）夏五月节临闲邪公家传”，端谨中见灵动，当然还是属于馆阁体。

另面墨梅，题曰：“丁丑（1877）秋日用冬心老人法。燕生贤侄英盼。华东张树荧涂于京师。”这位张树荧号听庵，陕西潼关人。谢枚如《赌棋山庄词话》续编二“张树荧与徐镜清词”条称：“听庵精技击，能书画，从军入闽，勇于杀贼。”《同治五年陕西大事记》述左宗棠治理福建匪患事，有“刑部员外郎张树荧从延平赶到……”之记载。晚清战事频繁，文人从军以取功名者众，张氏亦其中一例。

此扇双面雨金笺，大骨为小围氏线刻行书，小骨乌木，十六档。品相较好。搜检张树荧的一些生平事迹，亦收藏之一乐。

图94-1　墨梅成扇另面冯文蔚书法

图94-2　张树荧墨梅成扇

曾纪泽画水彩

曾纪泽自学英语，习知世界大事和西方文化。他曾先后出任驻英、法、俄大臣，是我国早期外交人才。人所不甚知悉的是他还会弹钢琴和画水彩。

好友金声曾惠让我二页扇面，乃拆自一柄团扇。一面为曾纪泽绘水彩风景于素绢之上；另面他以草书和楷书分录白石道人绝句等于泥金绢。

水彩他用花体字签名“Tseng”，加钤朱文“纪泽诗画”长方印，书法则还一如中国传统，落款“劼刚弟曾纪泽”，钤朱文“劼刚”及“纪泽词翰”。

水彩取景巨石夹峙之奔涌溪流，纯用西法，水性颜料。高光部分用了白粉，所以严格地说，英国人会称之为“watercolour heightened with bodycolour”。这是19世纪欧洲大陆和英国流行的画法，透纳（Joseph Mallord William Turner）也常常使用。

曾纪泽是一个几乎被湮没的中国早期水彩画家。在可以检索到的几种中国水彩画史著作中都找不到他的记载。我也没见到相关的学术论文。在扇面上画水彩，他应该也是中国第一人，民国后经颜文梁等人的推广，才成为扇画中的小众品种。曾纪泽对西方美术乃至文化的态度和学习实践，从他的日记中细细梳理，就可以感知。

曾纪泽（1839—1890）

字劼刚，曾国藩长子。

官兵部侍郎，谥惠敏。工诗古文辞，通小学。能书画篆刻，通乐律，嗜围棋。有《归朴斋集》存世。

图95-1　曾纪泽水彩团扇

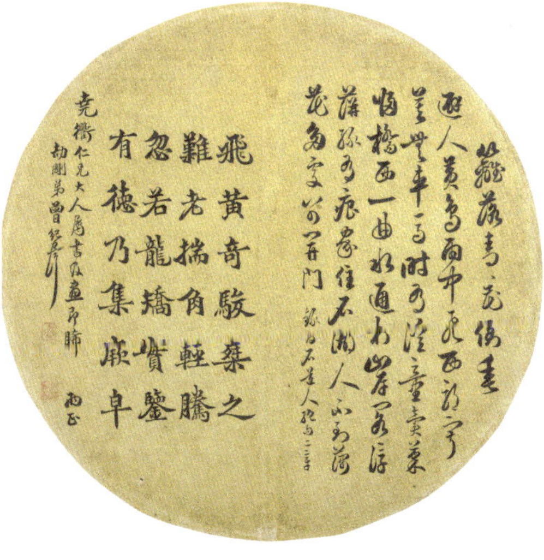

图95-2　水彩团扇另面曾纪泽书法

邓铁仙画扇

光绪年间，有江宁上元人邓启昌侨居上海，工画花卉，笔意劲削，尤善画菊，独得瘦逸之神，与钱慧安、倪田等被称为清末海上十大画家。

邓启昌，字铁仙，因跛一足，自号跛道人。

我曾较早入藏他一件雨金笺菊石图折扇面。题："莲塘仁兄大人雅属，铁仙邓启昌。"钤"铁仙"白文印。虽然此扇面画得还好，旧裱，品相尚佳，但也没有什么特别出色之处，因此也没有特别关注。

后来又得到他一柄水墨指画团扇，才对他有了新的认识。团扇上虞美人一丛、蝴蝶一双，临风浥露，摇曳生姿，而指画枯湿浓淡变化和点线面的肌理效果处理得非常巧妙，有非寻常笔墨可以表现者。邓启昌未落款，仅钤"邓"朱文、"铁仙"白文之连珠印。右下空白处有蒋确长题："指头作画，余所见甚夥。总乏秀韵，铁仙与余交几十年，不知其指头画精妙如此，是可异也。此帧为子栽赏家作，尤为着意，识者宝之。丙子（1876）闰月蒋确记。"钤"蒋确"白文。

蒋确（1838—1879），子叔坚，号石鹤。诗、书、画、印无不精。怀负奇才，离俗高远，而对铁仙此帧团扇如此推许，有他的道理。

多年前为了撰写《滕白也研究》一书，我也曾关注并收藏了一些指画作品。邓铁仙的这件作品，绝对是指画中有特色的杰作。蒋确说绝大多数指画"殊乏秀韵"，一语中的。

蒋　确（1838—1879）

字叔坚，号石鹤。

诗、书、画、印无不精。怀负奇才，离俗高远，而对铁仙此帧团扇如此推许，有他的道理。

图96-2　邓启昌花卉蝴蝶团扇

图96-1　邓启昌菊石图扇面

97

顾沄山水成扇

我有两件顾沄的山水成扇。一件为单面金笺，金笺为顾沄所画，另面纸本为陈摩画花卉。

顾沄（1835—1896），字若波，号云壶，吴县人。工山水，泽古功深，汇四王吴恽诸家之长。清丽疏古，唯少遒劲之气。顾氏能诗，与士大夫交往甚洽。

顾沄这一面画得很精致。江南一些文人画家，腕力较弱，不善画巨幛大幅，画扇头小品正其所长。题曰：“秋潮才退晚霞暝，待渡沙头望钓舲。树影乍疏山影出，却添诗思在孤亭。为士毂五兄大人雅正，顾沄。”朱文“若波”。

另面原为空白，陈摩于1939补花卉。陈摩，字迦盦，陆恢弟子。陆恢稍晚于顾沄，两人相契切磋画艺于吴大澂处。故陈摩于顾

图97-1　顾沄山水成扇

图97-2　顾沄山水成扇

图97-3　山水成扇另面沈景修行书

沄为晚辈，此扇因缘巧合入他手中，而得以补白。在扇子收藏中也是常见之事。

另一件为双面纸本圆头九档大扇。一面为顾沄画设色山水，画得简洁淡雅。题曰："乙未（1895）立秋前三日，彬仪五兄大人正画。云壶外史顾沄。"钤朱文"云壶"。另面为沈景修行书，录梁山舟论书法，作于光绪丁酉（1897）。品相非常好。两面也非同年所作。

98

端方传奇

端方（1861—1911），字午桥，姓托忒克氏，正白旗人。号陶斋，官西江总督。富收藏，工书法，偶写小景，能诗。有《陶斋集金录》和《陶斋藏石记》等著作。

端方是晚清一位极富传奇色彩的人物。其一，据说他本为汉人，姓陶，浙江人。清人入关时其祖先入旗而成为旗人。此说颇多疑点。

其二，他是晚清罕见的旗人改革派。在两江总督任上创立暨南大学。湖北巡抚任上派遣学生出国。创办了很多新式学堂，包括小学堂和幼儿园。

其三是大力支持立宪，是立宪运动的主力。

其四，既得慈禧信任，又与康梁交好。

其五，收藏埃及文物，开风气之先。

其六，1911年清朝灭亡前夕，被派往四川镇压保路运动，反被手下的湖北新军乱刀砍杀，与其弟端锦一起被斩首送往武汉，一路传示，到武汉后被游街示众。如此等等，情节比传奇小说更为离奇。

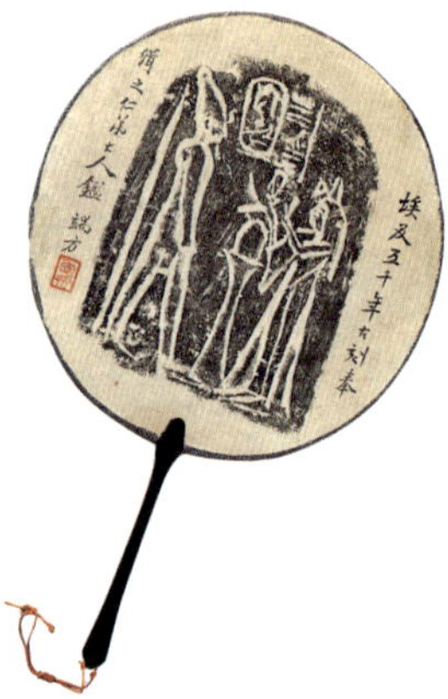

图98-1　墨拓团扇

我从泓盛拍卖的书画文房专场（端方等三家文献集专题）曾收入一把埃及古刻墨拓团扇，颇为难得，十分喜爱。端方移用中国传统墨拓法于埃及古代石刻，合中西美术于一扇，开风气之先。端方对待文化艺术思想之开放包容，由此可见一斑。此扇为晚清常见之所谓苏州“宫扇”。端方题：“埃及五千年古刻，

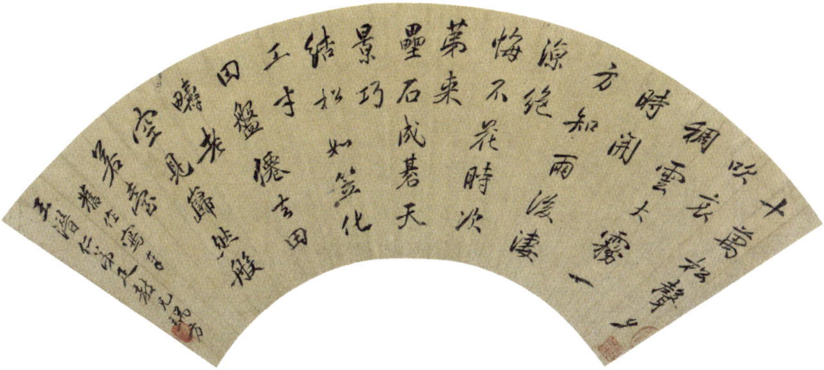

图98-2　端方行书扇面

奉缉之仁弟大人鉴。端方”。钤“陶斋”朱文长方小印。缉之为周学熙（1865—1947），周氏号止庵，曾入袁世凯幕下，主持北洋实业，为袁氏新政之得力人物。

另外，我藏有他一页雨金行书自作诗：

> “十万松声夕吹哀，稠云大雾一时开。
> 方知雨后凄凉绝，悔不花时次第来。
> 垒石成棋天景巧，结松如笠化工才。
> 田盘仙去田畴老，空见岿然般若台。
> 旧作写奉玉潜仁弟雅教。兄端方”。

诗清新可诵。

此扇面2018年末得自种芸山馆。委托种芸山馆主人代拍，被告知当时有人必欲得之而后快，遂避让。半年后此人表示愿以原价归我，我亦笑允。

99

奇人王闿运

王闿运（1832—1916），初名开运，字纫秋，号湘绮，五十岁后改今名。湖南湘潭云湖桥山塘湾人。

其人之奇，见诸以下几个方面。

他以举人身份曾授翰林院检讨，加侍读衔。他曾馆于肃顺府，甚受肃顺赏识，成为其幕僚和谋士。肃顺被祸，他没有受到牵连下狱，还曾为肃顺辩护，称“人诋逆臣，我自府主”。

他曾入曾国藩幕，太平天国灭亡后，湘军意气洋洋，上下骄奢，曾国荃请他写《湘军志》，他在用了近十年完成的十一万字著作中却对湘军的一些不光彩之事也如实记载，被骂为“谤书”，有人便扬言要杀掉他。

戊戌变法殉难的六君子中，杨锐和刘光第都是他的弟子。

他不但是晚清著名的辞章学大家，又是经学大师，曾主讲成都尊经学院、长沙思贤讲舍、衡山船山书院。辛亥革命后任清史馆馆长。可是出门一直要携带一个大脚婆娘周妈，不离左右。这位周妈居然也印名片，上印王闿运亲笔书写的“王氏侍佣周妈”，大开受贿之门。

他身为士人，却收三个工匠为门生，其中最有名的是木匠齐白石，后来成为名满天下的画家白石老人。

他因诙诡玩世而“名满天下谤满天下”。我对他亦颇好奇，意欲收他一件作品。2019

年春某拍场出现一叶王闿运行书绢本泥金扇面，我到现场去竞拍（我七十岁后很少去拍卖现场）。邻座是一位十分成功的古董商，我们相识几十年，当时他年轻富态，我们都叫他小胖子。当轮到这件扇面时，竞拍者颇众。最后只有一人和我争时，小胖子拿着手机大声说："我怎么好意思再抢，包老师就坐在我身边。"我遂以比较合理的价格拿下此件拍品。电话中委托他的也是一位熟人，所以他的这个人情我领了。

扇面上王闿运录画录一段，以"匡庐图予于乙未得之南中士夫家"起，至"故作画不求气韵而求形似未有不流俗工也"结，共一百四十字，意思完整，书写十分精到。上款为世甫，未署年月。疑为其中年以文学游食于名公巨卿时所作。

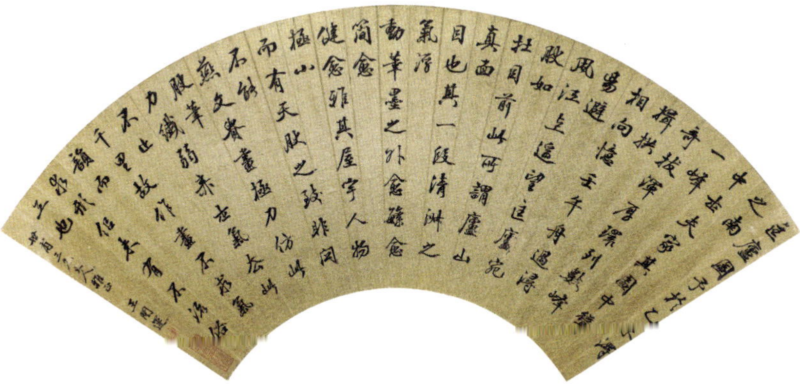

图99-1　王闿运行书扇面

也是因为要写《四任传人》，我也用心寻觅任预的作品。任预在四任中或居末位，存世作品不少，但应酬之作和赝品很多。相对而言，扇画的赝品少而精品较多。任预作大幅巨幛或力有不逮，而小品颇宜他发挥巧思表现趣味。扇画是小品中最需认真对待预加规划的一种，任预慵懒，画册页斗方之类易流于草率。

任预（1853—1901），字立凡，萧山人，任熊子。少时嬉懒不肯学画，熊殁后学画多以天赋而无明确师承，唯篆刻得赵之谦指点。他一生懒病不改，非极贫至窘不画。

我有任预成扇三、扇面四，虽非铭心绝品，却都有其楚楚动人之处。且任预所师较杂风格变化较多，我的藏品也就各有其特点。

图100–1　任预山水成扇（1）

成扇之一为任预作水墨山水。题曰："渔村夕照。甲午（1894）夏日竹洲仁兄大人属正。立凡任预。"钤朱文"立凡"。另面庄文传行书。双面雨金十六档玉竹。

成扇之二为任预作小青绿山水。画题："秋林读易图。背拟松雪翁本，应子雨仁兄大人属。萧山任预立凡。"钤白文"预"。另面范宗麟楷书。两面雨金扇面，紫檀直肩十六档扇骨。

图100-2　任预山水成扇（2）

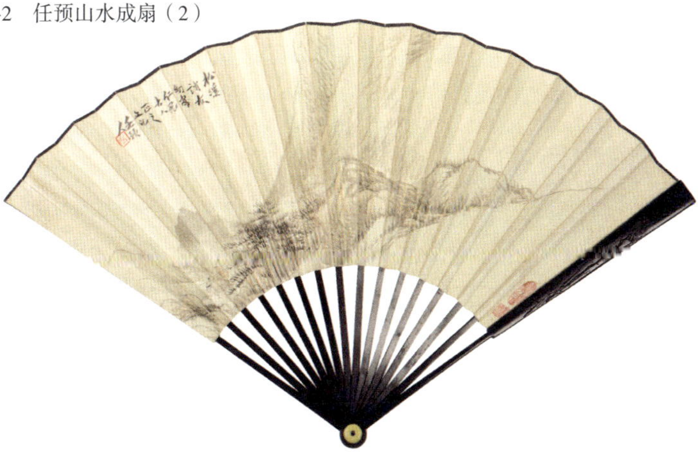

图100-3　任预山水成扇（3）

图100-4　任预桂花人物扇面

图100-5　任预花鸟扇面

成扇之三为任预画浅绛山水，题曰：“松溪访友。幼安仁兄大人正之，立凡任预。”朱文“立凡”。另面陆懋宗书法。我得此扇最早，初涉收藏，懵懂无知，兴冲冲于右下角空白处钤了两方收藏印。好友何兮见而告我：“此处空白乃作者特意留出，以供观赏者想象驰骋。”我后悔不已。自此以后，我所有藏品上不再加钤任何印章。此扇为正反矾面，乌木阴刻十六档圆头扇股。

扇面一为泥金笺折扇。画二人伫立石前树下，抬头桂花满枝。题曰："冷露无声湿桂花。立凡任预。"钤白文"任预"。此二人无面目，从衣着看为一僧人一书生。当下有一网红画家，喜于画中缀一长衫人物，作民国腔调，亦无面目，亦似步立凡先生后尘者。

扇面二为纸本折扇。画桃花燕子，寥寥数笔，极具风致。题曰："春风燕语。青园仁兄大人雅赏。萧山立凡任预写。"钤朱文"立凡"。

扇面三为绢本水墨兰石团扇。题曰："数叶随秋雨，一杖横绕烟。子芹老弟法家教我。立凡任预写。"钤"立凡"朱文。枯湿互用，极雅。

扇面四为绢本设色团扇。小青绿。一溪从远处曲折而下，山下草堂内有白衣人读书，篱门半开，一青衣童子抱红袱裹琴过小桥将至。

多才如任预，亦是畸零人。他未满五十即早逝。所幸为我们留下不少有情调的笔墨。

图100-6　任预兰石团扇

图100-7　任预山水团扇

扇上临各帖

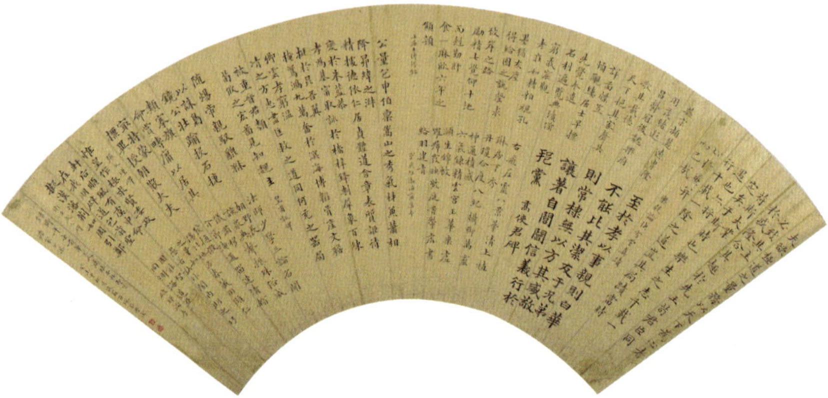

图101-1　吕佩芬书法扇面

清代翰林几乎都会“被兼职”书扇（当清亡后又成为有些遗老的正式职业）。所书字体最多是楷书，其中缘由大家心知肚明；所书内容则较杂，其中较为常见之一种是临帖。临帖一、两种亦常见，但被要求“临各帖”七八种，则属少见。我有一叶吕佩芬楷书临各帖雨金扇面，颇有趣。

吕佩芬，字晓初，号小苏，或作筱初，旌德人。光绪庚辰（1880）翰林，散馆授编修。官直隶永定河道。此扇节临《乐毅论》75字，《高使君碑》72字，《王居士砖塔铭》103字，《灵飞经》64字，《皇甫诞碑》113字，《破邪论序》70字，《张文瑾碑》41字，《卫景武公碑》24字。落款28字，为："继卿年老前辈属临各帖即乞法家正谬。癸未（1883）中秋侍筱苏吕佩芬学涂。"钤白文"佩芬"。这位继卿与吕佩芬为同榜，但年纪较大，资格较老，所以能指定这八种碑共562字的任务（加款共590字）。吕佩芬不但认认真真完成，而且态度恭谨，称对方为"年老前辈"，自称"侍"而且还在"学涂"。可见旧时敬老风气之盛。应该再说一句，吕佩芬的小楷功力颇深，写得不错，这些不同字体的不同段落搁在一个扇形空间，布局也煞费苦心。

图102-1　沙馥人物成扇（1）

图102-2　人物成扇另面冯桂芬行书（1）

沙　馥（1831—1906）

字山春，苏州人，工人物花卉。

《中国美术家人名辞典》中另有沙三春，为苏州山塘年画铺中沙家之杰出代表人物，疑为一人。

沙馥初从马仙根学画，而马仙根世业画，善琴，工刻扇骨。弟沙英师从任熊，沙馥或因此也得识任熊，画风受其影响。或称因任熊学陈老莲一路出神入化，难以追踪，返身改学改七芗费晓楼一路，遂得展其所长。此说似不确，马仙根的仕女也是改、费一路。后又受冯桂芬赏识，两人经常合作，于扇面冯书沙画。

冯桂芬（1809—1874），吴县人，字林一，号校邠、邓尉山人、景亭（敬亭）等。道光廿五年（1845）一甲二名进士，授编修。曾入李鸿章幕，主新政。精算术小学，著《弧矢算术细草图解》《说文解字段注考正》等，主持《苏州府志》编纂，沙馥入载《苏州府志》或与此有关系。

我想沙馥应该出于画匠世家，自小习画，天分高而用力勤，后由马仙根、任熊、冯桂芬等人的指导和影响下，才成为晚清一位重要的雅俗共赏的画家。当然，这一想法还需要寻找更多的材料佐证。然而沙馥人物花鸟的水准之高，却是有目共睹，并无争议。

我藏有五件沙馥的金笺成扇。其中两件是与冯桂芬合作的，都属于沙氏早期作品，在 1874 年之前。其一为沙馥人物冯桂芬行书双面泥金扇，鸡翅木十六档扇骨。一面题曰："烟波双鬓老，风月一声秋。勤之仁兄大人属画。山春馥。"钤朱文"沙馥"。另面题为："勤之一兄属。冯桂芬。"钤连珠文印"桂""芬"。

其二也是双面泥金扇，十六档棕竹大骨玉竹小骨。画面题："洞箫清宴。拟吴门李笠翁玉山雅集本为露芗二兄大人正画。三春沙馥。"钤朱文"沙馥"。书面题："露芗二兄属。冯桂芬。"朱文连珠"桂""芬"。此二扇作于沙馥四十岁之前，风格清丽妍雅，其题跋或经冯桂芬润色或代拟。

其三为沙馥人物王鼎华楷书，双面金笺，芝麻竹/斑竹扇股，此种大小骨组合之扇股极罕见。沙馥绘二士人于竹林中对弈，作于光绪乙亥（1875），乃其中年精品。王鼎华，字尘庵，号铸言，同治三年（1864）考取汉教习，翌年补优贡，官内阁中书。工楷，与陈豪陈敬弟父子友好。他于此扇另面录黄庭坚题跋。

其四为沙馥设色花卉邵日濂行书单面金笺扇。邵日濂为同治戊辰

图102-3　沙馥人物成扇（2）

图102-4　人物成扇另面冯桂芬行书（2）

（1868）翰林。

其五为沙馥人物肇熙行书双面泥金，全品相。此扇人物造型出现程式化倾向，男性人物面相雷同。沙馥弟子蒋宜安洽所作高士图则千人一面，都作眼生于额面容不悦状。可谓师古不化。此二扇都是“康如三兄大人”上款。扇骨由沙馥起稿竹泉刊竹，有阳刻椭圆小印“三春”和“竹泉”。扇骨上也都是“康如三兄”上款，是所谓“套扇”。

我另藏有沙馥金笺扇面二。其一为仕女，写“史湘云醉眠”故事，题：“药栏花韵，乙酉（1855）首夏即应绾春仁兄大人正之。沙馥。”其二题：“孤山放鹤。壬辰（1872）季秋写似松坡一兄大人雅属。沙馥。”

沙馥并非晚清顶尖的画家。我虽然颇喜其清新甜美、洁净儒雅且不堕俗套的画风，但也没有特意搜罗。箧中聚集了这么多他的扇作，完全是机缘巧合。收藏确实也讲缘分。

图102-5　沙馥人物成扇（3）

图102-6　沙馥花卉成扇

图102-7　花卉成扇另面邵日濂行书

图102-8　沙馥人物成扇（4）

图102-9　沙馥仕女扇面

图102-10　沙馥人物扇面

陈豪（1839—1910），字蓝洲，仁和人。同治九年（1870）优贡生，历官湖北房县、应城、蕲水、汉川知县，皆位卑而事务繁冗，然能条分缕析，处理得当，于各任上俱有惠政，得能吏之名。且为人风雅，兼擅诗文书画，自得其乐，不矜才使气。他书学苏轼，山水意境超越，而于花卉尤为精妙。他有一《题画梅帐檐》绝句，颇露心迹："案牍清闲吏亦仙，淮阳卧治想当年。醒来明月窗间照，疑有寒香落枕边。"

我心慕其人，得其扇面三成扇一。其一上题："晴窗弄笔，有蝶仙来集，遂为写照。丙午（1906）新秋，即应荫轩主人清属。陈豪并记。"钤白文"不闲僧"。画面极简，然极生动雅洁。此扇面品相完好，未曾使用，可以装扇股为成扇。然尺寸较特别，又是十一档，扇骨很难配得满意。

图103-1　陈豪花卉扇面

其二为素绢山水团扇。上题：“学南田自笑优孟衣冠也……时丁未（1907）九月。”语甚自谦，然此简澹萧散笔致，颇合恽寿平格调。

其三为洒金绢行书团扇面。内容应为临东坡信札。从此可看出他最初由颜入手，学苏最用力，但又能跳出，有自己面目。此扇写得极潇洒隽秀，可免墨猪之诮。款落：“佩瑚姻叔大人清政。侄陈豪。”

其四为二十档直肩梅鹿股纸本浅绛山水成扇。上题：“峰材仁兄大人清鉴。陈豪仿南田翁，壬寅（1902）春仲。”画面上作崖岸巨石，高木临水，群禽南飞，得笔简意远之趣。另面为徐惟琨（1839—1897）行书；徐氏工书法，兼擅刻印。陈豪有子三，光第、汉第、敬第。汉第亦善书画。敬第光绪廿九年（1903）进士，1949年后，他被推选为第一届全国人大常委副委员长，以字叔通为名。

图103-2　陈豪山水团扇

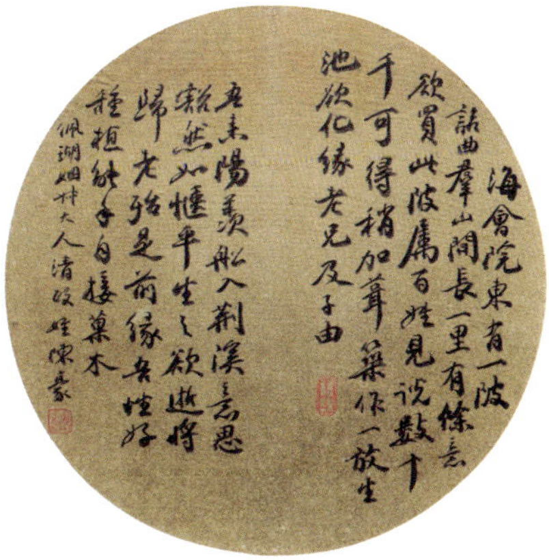

图103-3　陈豪行书团扇

图103-4　陈豪山水成扇

『差一口气』的舒浩

说舒浩"差一口气"，自然是与任伯年比。评价晚清画家时，常常会以任伯年为比较的标杆，这也反映了任伯年在晚清画坛的地位。

舒浩，字萍桥，号则水道人，又号怡琴室主，宁波人。《海上墨林》称其："工人物山水花鸟，工细缜密，雅秀天然。"

舒浩的人物花鸟，与任伯年确实有些相像，但也确实比任颐少那么一点灵气，或章承辉所谓的"仙气"。

可能因为两人之间的这种相似和差别，不少人误以为舒浩是任伯年的学生。《寒松阁谈艺琐录》历数海上画家时称"……公寿伯年最为杰出，其次画人物则舒萍桥浩……"这样看，他们应该还是同辈。卢辅圣主编的《海上绘画全集》第五册称舒浩为"任伯年传人"，并不妥当。

图104-1　舒浩人物扇面

我收藏的一叶雨金扇片，画一人道服据案掩卷沉思，不看题款真会令人想到任伯年。此扇作于壬午（1882）。

我有一柄舒浩的花鸟成扇，画白蔷薇、绿鹦鹉，亦颇似任伯年之笔意。另面徐惟琨临隶书曹景元碑，扇骨为“一山”款阴刻人物，品相完好。

图104-2　舒浩花鸟成扇

图104-3　花鸟成扇另面徐惟琨隶书

图104-4　舒浩清供图成扇

图104-5　舒浩苏武牧羊图成扇

我还有一柄舒浩双勾设色清供图成扇，双面泥金，象牙 / 棕竹二十档扇骨，另面为范元熙行书。

我另外一柄舒浩的苏武牧羊图成扇，精彩程度似乎就要差一点。纸本乌木股，品相很好。

箧中还有两开设色花鸟册页，一开双勾，一开没骨，都很精彩。前者左上还题了半阕《菩萨蛮》:“幽闺易惹闲愁绪，无心压作线抛杼。引领望银河，虫声依旧多。”

图104-6　舒浩花鸟册页（1）

图104-7　舒浩花鸟册页（2）

舒浩曾有山水画版刻印行，我有数十幅他的墨笔原稿，中规中矩，颇见功力。同时期张熊弟子周镛和巢勋都曾为重编《芥子园画传》作插图。我觉得舒浩所作与周镛相近，而较巢勋为佳。

图104-8　舒浩墨笔原稿（1）

图104-9　舒浩墨笔原稿（2）

105

费念慈夫妇书画

费念慈（1855—1905）字屺怀，号西蠡，武进人。光绪十五年（1889）翰林，散馆授编修，与文廷式、江标齐名词馆。金石目录之学冠绝一时，精鉴赏，工书法，兼擅山水。娶同邑徐郙之女徐原仙为妻，颇享夫妇书画唱和之乐。寒舍有其夫妇扇面书画，可窥其一斑。

费念慈楷书泥金笺折扇面，题:“临衣带过江表。仁安仁兄大人雅鉴。屺怀弟费念慈”。书近欧褚而含北碑之意，无丝毫馆阁气。

我又有其设色山水扇面，上题“拟陆天游秋窗读书，为锡臣吾侄。峐怀“。钤“屺怀”朱文小印。画面疏雅乃文人游戏之作。

徐原仙花蝶图素绢团扇面，题:“癸巳（1893）三月临石泉书屋藏钱玉潭本。嘉定徐原仙”。用笔细腻，设色明丽，闺阁态十足。她画时一丝不苟小心翼翼之神态呼之欲出。

图105-1　费念慈楷书扇面

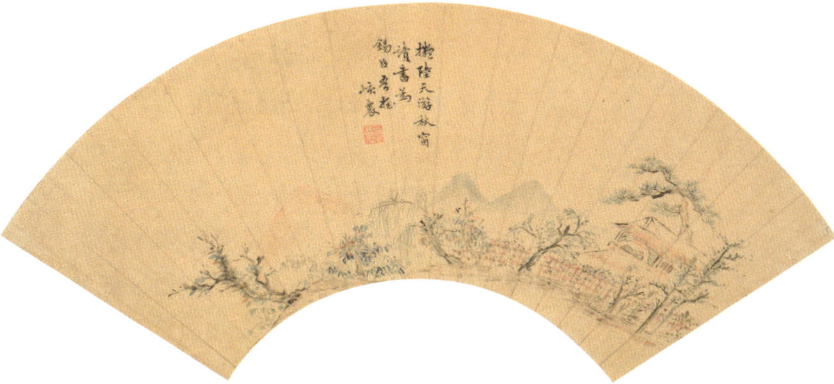

图105-2　费念慈山水扇面

图105-3　徐原仙花蝶扇面

106

倪墨耕的人品与画品

清末海上画坛有倪田（1855—1919），字墨耕者，画名甚著，影响甚大。他初名宝田，号壁月盦主，扬州人。少从王素，能肖其师，工谨中又能松动飘逸，设色明净有灵气。三十七岁至上海，私淑任伯年，居上海多年，鬻画为生。

有资料称倪田“私造王小某画作，事泄受责，羞愧远去上海，设摊城隍庙一带”。又有资料称他于任伯年逝世后，通过某种途径获得任氏自用印章，并以此加钤于任氏赝作之上。收藏界指署任氏款画伪印真之作多出于倪。

倪田于人物、仕女、花鸟、山水皆有佳作，雅俗共赏。爱之者称其“奇特稚拙，富于乡土气息”。他作画运笔速度较快，造型能力强，师任之作颇能抓住任氏一些特征。张

图106–1　倪田花卉虫草扇面

图106-2　倪田人物成扇

鸣珂在《寒松阁谈艺琐录》中说他“名重一时，流传最盛”。

我曾颇喜其画。箧中尚存两件，一扇页、一成扇。扇页为淡雨金笺上作花卉草虫，题：“光绪甲午（1894）二月墨耕倪田写。”钤朱文“宝田之印”。

扇面上倪田作设色牵牛络纬，属于他较为迅捷用笔之作。那只草虫画得颇为生动，用色也很透明。但花卉部分显得较为草率。

成扇为纸本，倪田画一叶小舟载三人，一艄公、一文士、一书童，置书籍画轴于其中，背景则有远山近水芦苇柳树。题曰：“秋水才添四、五尺，野航恰受两三人。庚寅（1890）春二月仿新罗山人法以为平伯仁兄雅属，即正之。邗上墨耕弟倪田。”钤朱文“宝田印”。此扇乃倪田中年精品。

图106-3　人物成扇另面邹福保行书

另面为邹福保行书节杂诗。邹福保（1852—1915），字咏春，号芸巢。元和人，光绪丙戌（1886）榜眼，翰林院编修，官至侍讲，充顺天乡试同考官。寒山寺联的作者。

学书不离碑帖。书法家受人之请书扇，常常会选书与碑帖相关的内容。这类扇书也可分为三种，临写碑帖，议论碑帖，以及既临且论。兹于我所藏金笺扇面中各选一二例。

其一为姚汝锟于团扇左右半圆各临一种帖。右半为临赵子昂行书，左半为草书十七帖一则。书于乙卯（1855）夏日。姚汝锟，字飞泉，嘉善人。《广印人传》称他“喜刻竹，间作小印，亦楚楚有致”。扇为细密雨金绢，全品相，其书法潇洒灵动，也称得上“楚楚有致”。

其二为金尔珍雨金折扇面行书“临坡公书”。金尔珍（1840—1917），字吉石，号苏盦，秀水人。精鉴别，工刻印，善书画。书法钟、王，尤喜学苏。此扇学苏轼，书于乙巳年（1905），不袭其貌而得其神。

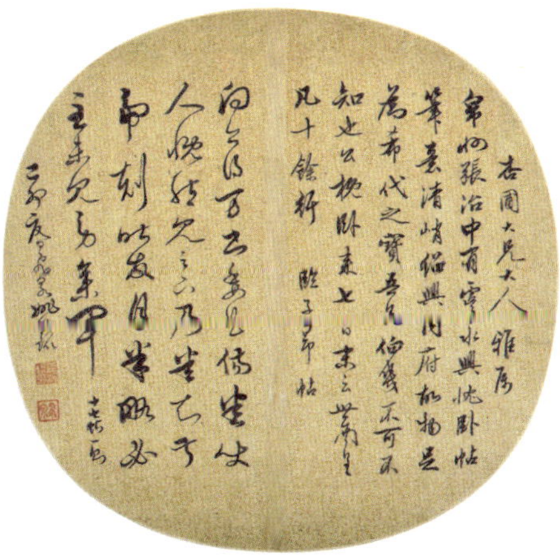

图107-1　姚汝锟书法团扇

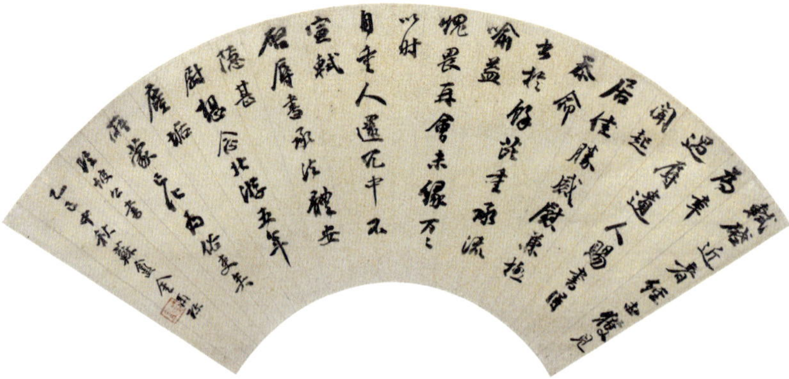

图107-2　金尔珍行书扇面

图107-3　吴恒行书扇面

其三为吴恒行书论李邕书法石刻数种："李书石刻惟《大照禅师碑》余未及见，所见者若《戒壇铭》《叶国重碑》《婆罗树碑》《东林寺碑》皆翻刻失真。《李思训碑》、《任则令碑》（应是"任令则碑"）、《端州石室记》《麓山寺碑》《李秀碑》《卢正道碑》《灵岩寺碑》《龙兴寺额》各造妙境，而纯任天机，浑脱充沛。"虽短短不足百字，读来颇有兴味，而其书法也颇有李北海之风。吴恒（1826—1895），字仲英，号颂音，钱唐人。善书画诗词，与杨见山任伯年交好，任伯年曾绘有《吴仲英先生像》，今藏中国美术馆。此扇品相亦佳，泥金灿然。

其四为陈璚临蔡襄书，并缀数语点评："蔡公书法，真有六朝唐人风，粹然如琢玉。米老虽追纵晋人绝轨，其气象怒张，如子路未见夫子时，难与比伦也。"尊蔡而贬米，独持己见。陈璚（1827—？），字六笙，广西贵县人，廪贡生，官四川按察使。工书法，得力于圭峰碑而稍变之。此亦泥金笺折扇面，品相亦上佳。

收藏书法扇面，不但可以品味其笔法结构布局，也可了解书者的学问和见识。

图107-4　陈璚行书扇面

清代书扇有一种形式，即请四位书法家于扇之一面各书一段（各占四分之一左右的空间），可戏称之为书扇中的“四手联弹”。官场中的世交、同门、同年以及同乡之间常以此为礼尚往来之举。京官还乡之前，常需请朝中大老为之书扇，以致他们常常案头扇面堆积如山，疲于应付。《翁同龢日记》中有关记载颇多。

因为此类扇多为应酬之作，我并不喜欢，但箧中也有一件。四人中有三位翰林一位拔贡（四翰林会更受欢迎）。一为勒深之（1853—1898），字公遂，光绪十一年（1885）拔贡，工诗文书画，著有《蕉鹿吟》。二为曹福元，字仲修，号邃翰，字再韩，有《花萼交辉集》刊行于世。三为秦绶章（1849—1925），字佩鹤，号仲和。四为秦夔扬，字叔赓，号韶臣。后三人皆为光绪九年（1883）翰林，是同年或称同榜；绶章和夔扬还是兄弟。其中秦绶章仕途通达，由翰林院编修至侍讲学士，迁兵部侍郎，光绪廿九年（1903）还曾督学福建。四人都是楷书，写得也都比较用心。勒深之能作瘦金体，此处略带北碑意趣。

另面为祝嗣隆画的草虫，生机盎然，惜不知其生平。画作于癸巳（1893），书应该也在此前后不多时所作。扇股为十六档直肩紫檀。品相极好。这个品种清代最多见，民国则多以格景形式出现，且喜一书一画相互间隔，新中国以来则逐渐绝迹了。

图108-1　花草成扇另面书法

图108-2　祝嗣隆花草成扇

汤世澍和童晏的花卉扇面

汤世澍（1831—1902），字润之，晚号修叟，武进人，擅花卉。清代中期以来，花卉画家，特别是江南常州一带的画家，多学恽南田。汤世澍虽然也师恽，但有自己的特色。他用色更为鲜艳，变化更多，结合用水和加粉，使画面更为丰富。另外，他的构图也比较复杂，花朵、花枝、花叶的交错安排得比较妥帖。

光绪廿一年（1895），他向宫中进献百花屏九帧，得慈禧称赏。因此，汤世澍类似宫廷画家形象，他作品上也喜落臣字款或钤臣字印章。他绘画的题材比较窄，几乎都是花卉，而且常画的花卉也就那几种。

我所收藏的他的雨金扇面画的是罂粟花。罂粟花和虞美人是他最喜欢画的品种。题曰：“戏仿马江香笔意于白云溪上，时壬申（1872）仲冬。南兰陵汤世澍。”钤朱白相间的正方形

图109-1　汤世澍花卉扇面

图109-2　童晏花卉成扇

连珠印“臣”“澍”。画面洁净，品相完好。

有记载称他“书工米芾，题识精美”，我却不甚喜欢他的书法。

童晏（1857—1902），字叔平，号陶斋，崇明人。童叶庚三子。《广印人传》称他从任董学画，《历代画史汇传补编》亦称他为任董弟子。童晏善画花卉，双勾极工，气格高古，与任董有相似之处。又善画墨梅，清新超绝，则或得之家传，此亦其父叶庚之绝技。童晏亦工刻印，识者谓得文、何正轨。

我的这件成扇，童晏画桃花白玉兰，双勾，线条柔和，设色明丽，气息安静，似较任薰更为内敛。题曰：“莲汀仁兄大人雅鉴，陶斋童晏写于鸳湖客次。”钤“童晏长寿”白文。另面为盛沅行书。盛沅，字子彬，光绪丙戌（1886）翰林。此扇纸本，扇骨为上等芝麻竹，高肩十八档，年份很早。

图109-3　花卉成扇另面盛沅行书

图109-4　童昇梅花成扇

我还有一件童晏四弟童昇（季泰）的墨梅行楷成扇，书画俱佳，昇曾随兄学画，墨梅画技一脉相传。此扇署年为“岁次上章敦牂”，即庚午年（1930），而是年童昇六十五岁，看来他还有一点遗老作派。

童晏五弟童嵩（大年）金石书画俱享大名。家外祖涤凡公与之交好，大年曾为之刻“怕求人斋”闲章。我喜其古雅，又喜印文合我心，涤凡公遂以之遗我，我自用至今。

图109-5　童嵩所刻“怕求人斋”闲章

汪鸣銮何瓌书画成扇

十余年前，我在上海老街藏宝楼三楼的一个摊位上，觅得一件汪鸣銮小篆泥金成扇，扇骨是十六档尖根素竹。摊主索价近万，来往的藏家都嫌贵。我知道这件尖根扇骨年份较早，虽然扇面品相有瑕疵，没有还价就拿下了。这位摊主的脾气有点倔，我曾从他手中拿过一柄夏同善行书成扇，不愿多费口舌又伤感情。

汪鸣銮（1839—1907），字柳门，号郎亭，又号郇亭。钱唐人，侨寓吴门。同治四年（1865）编修，历官吏部侍郎，精于说文之学，画秀润天成，书精于篆。颇受翁同龢赏识，翁氏日记中时时提及他们之间的交往。

此扇汪鸣銮以小篆节录汉《申公传》，作于壬午（1882），为光绪八年。另面为何瓌花卉。画颇佳，风神绰约。何瓌，字稚蕉，香山人。金石书画无不精妙。见《益州书画录·续编》。

汪鸣銮能诗，姑录其七绝题画一首于此：

宣武城南一亭古，
本朝老辈辄题诗。
风前万苇绿成海，
便有江湖浩渺思。

中国画家诗多题画，少用典，用词清新，明白如话，颇似20世纪初的西方意象派。

汪鸣銮（1839—1907）

字柳门，号郎亭，又号郇亭。钱唐人，侨寓吴门。

图110-1　花卉成扇另面汪鸣銮篆书

图110-2　何瓌花卉成扇

111

谭延闿早年书法成扇

我有一件谭延闿早年书法成扇，颇为难得。

谭延闿（1880—1930），初名宝璐，字祖安，茶陵人。光绪三十年（1904）翰林。鼎革后曾任国民政府主席和行政院院长等职。擅书法，字颜真卿，擘窠榜书及蝇头小楷均极精妙。

此扇谭延闿以正楷录苏东坡七律一首，因字稍大而缺末尾二句。由此可窥见其颜体书法功力之深。另面刘炯（1872—1939）作设色花鸟。刘炯，潍坊人，字秩东，耳聩寡言，专工花卉翎毛。题款中有“乙巳夏日”，可知此扇作于光绪三十一年（1905）。

此扇扇面为单面金，谭书于“雨夹雪”金笺，刘画于纸本矾面。十六档鸡翅木扇股。

图111-1　花鸟成扇另面谭延闿楷书

图111-2　刘炯花鸟成扇

杨伯润山水

清末的山水画家中，杨伯润是较有特色的一位。他的作品，往往远远地一眼就可以辨认。

杨伯润（1837—1911），名佩甫，号茶禅，又号南湖、南湖外史，以字行。嘉兴人，秉承家学，工诗善书画。曾师从沈焯。书近颜米，尤工行草，山水规模董其昌，并能自出机杼。

我很喜欢他的箑头山水。有一次在朵云轩，头一昏花了两倍于正常价格竞拍成功，丝毫没有发现卖家就在附近盯着我。在此我就晒一下目前仍在箧中的几件。

其一为雨金小青绿山水折扇片。题曰：“乙亥（1875）暮春之初，少斋一兄大人属。南湖外史杨伯润。”钤朱文“伯润之印”。此扇构图为“重峦叠嶂式”，层次分明。

图112–1　杨伯润山水扇面（1）

图112-2　杨伯润山水扇面（2）

图112-3　杨伯润山水扇面（3）

其二为泥金笺小青绿山水。题曰："仿佛茗耶溪畔路，小桥流水曲通郇。吟秋仁兄大人雅正，杨伯润。"钤朱文"南湖"。

其三为雨金笺水墨山水。题曰："水杵图。友人以三百金购巨然小帧，笔致清古。此页临其大意，即请颂候仁兄大人鉴。辛未（1871）之冬杨伯润。"钤朱文"南湖"。

图112-4　杨伯润山水成扇（1）

图112-5　山水成扇另面叶景葵小楷

其四为纸本水墨山水棕竹股成扇。题曰："蒙泉外史夏山欲雨，览之云雾滃然，神品也。茶禅居士伯润记于语石斋之北窗。"钤白文"南湖画印"。另面为叶景葵小楷。叶景葵（1874—1949）为光绪廿九年（1903）进士，著名藏书家。

其五为浅绛山水单面金象牙十八档股成扇。题曰："赵文度夏山图苍古秀润，得巨然法。右方仁兄大人鉴。杨伯润。"钤朱文"南

图112-6　杨伯润山水成扇（2）

图112-7　山水成扇另面汪洵行草书

湖"。另面汪洵行草。汪洵（？—1915）为光绪十八年（1892）进士，书法家，兼能画及刻印。

其六为磁青绢金笔书法团扇面。杨伯润以行书录书论一则于团扇左半，题曰："叔颐参军仁兄大人属。戊辰（1868）秋七月杨伯润。"钤白文"南湖"。右半为金尔珍行书。金尔珍（1840—1917）擅金石书画，入《海上墨林》及《近代六十名家画传》。

图112-8　杨伯润、金尔珍行书团扇

我曾细心揣摩杨伯润的书画，发现他喜用湿笔，走笔含蓄，不喜干皴和出锋。有人称他“喜用长峰紫须……故出笔锋锐”，我颇为不解。又说他“格局不甚严谨，峰峦更少变化”。这点我也不能苟同。我觉得至少以扇头小品而言，其布局相当规整，而变化确实不是很大。

杨逸书画

杨逸（1864—1929），字东山，号鲁石，晚号无闷。上海人。光绪时中顺天乡试为举人。工诗善书，曾馆于高邕和毛子坚家，与周镛、汪琨为友，遂得观古人名迹，又得切磋画艺，业遂大进，尤以山水及隶书称。有称其以书法画松梅可与吴昌硕比肩，应属溢美之词。他在清末民初上海画坛影响颇大：他是豫园书画慈善会的发起人之一，他一直致力于为海派画家办展览和出画集；特别是他编辑了《海上墨林》——上海美术史的重要早期文献。

《海上墨林》是我经常查阅的美术史和地方文献之一。因此我一直关注从而藏有他的书画作品。其中扇画有一成扇、一扇面。

成扇为纸本浅绛山水和大篆折扇十六档鸡翅扇骨。题曰："梅花书屋。戊戌（1898）春三月画于墨噫盦。逸。"钤"东山"白文。另面作石鼓文，题曰："石鼓文第一鼓。杨逸。"钤印与画同。其石鼓以清润为特色，与缶翁迥异。

扇面为泥金折扇，临史晨碑，乃其得意笔。书毕似意犹未尽，落款"逸"字时，部首"辶"作燕尾挑起，与往常不同。

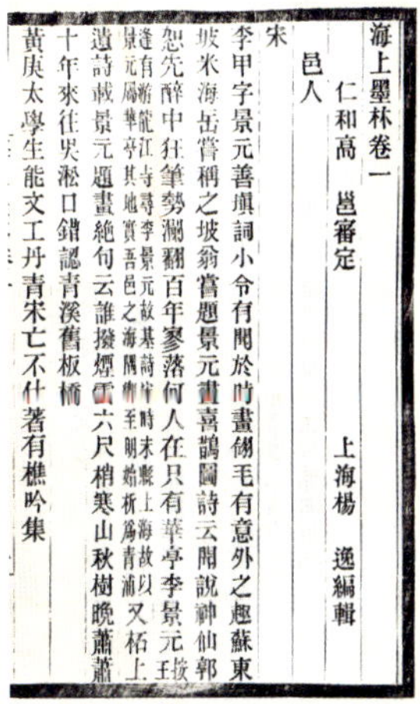
海上墨林卷一
仁和高邕審定　上海楊逸編輯
邑人
宋
李甲字景元善塡詞小令有聞於時畫翎毛有意外之趣蘇東坡米海岳嘗稱之坡翁嘗題景元畫喜鵲圖詩云聞說神仙郭恕先醉中狂筆勢瀾翻百年寥落何人在只有華亭李景元按王逢有踏龍江寺尋李景元故基詩時未隸上海故以景元屬華亭其地實吾邑之海隅也至明始析爲青浦又柘上遺詩載景元題畫絕句云誰撥煙雲六尺梢寒山秋樹晚蕭蕭十年來往吳淞口錯認青溪舊板橋
黃庚太學生能文工丹青宋亡不仕著有樵吟集

图113–1　《海上墨林》选页

图113-2　杨逸山水成扇

图113-3　山水成扇另面石鼓文

图113-4　扬逸隶书扇面

高时丰（1876—1960），或作高丰，字鱼占，号存道，前清秀才。高野候、高络园兄，三兄弟皆工书擅画。高时丰在辛亥革命之后还活了差不多半个世纪，但我却收藏有他在清代所作的书画扇。

扇之一面为篆书。跋曰："光绪三十四年（1908）㠯峿台铭，时丰。"钤朱文连珠"高""丰"。《峿台铭》元结撰文，瞿令问书，唐大历二年（767）六月刻，原石在湖南祁阳峿溪崖上。此铭书体为悬针篆，乃小篆之别体，由玉箸篆演变而来，"字必重书细末，纤直如悬针"。高氏此扇与拓本略异，或有出于己意处，然"线条婉转，媚气四溢"却是一脉相承。

图114-1　山水成扇另面篆书

另面为设色山水。题曰："仿赵伯驹大意。戊申夏五月，丰。"钤"高丰"白文。高时丰规模宋人，咫尺千里，笔致工谨秀丽。扇骨为十八档高肩桃丝，形制古雅，包浆沉稳。

我另藏有他一本册页，乃民贵兄所赠，中有一页团扇，乃自成绢为扇面。高时丰称之为"茧扇"。其制作之法如高氏所记如下：

"蚕事三眠既足，规竹为团扇形，选佳种沿缘于上，调护无间，阅七昼夜而茧成。坚致如帛，莹洁如镜。其机理一如现代之无纺织布。"

此扇由时丰之母亲手所制，时丰之父"出入怀袖垂廿年"，一面为姚孟起书《西狭颂》全文，一面由时丰母舅养斋作《五瑞图》。此册中《西狭颂》已失，《五瑞图》尚存，又有高时丰撰文记自己侍奉父母聆听教诲情形，言辞十分真切，书写极其恭谨。后人从中可以窥见中国传统家庭父母慈爱、儿女孝顺的理想模型。

图114-2　高时丰山水成扇

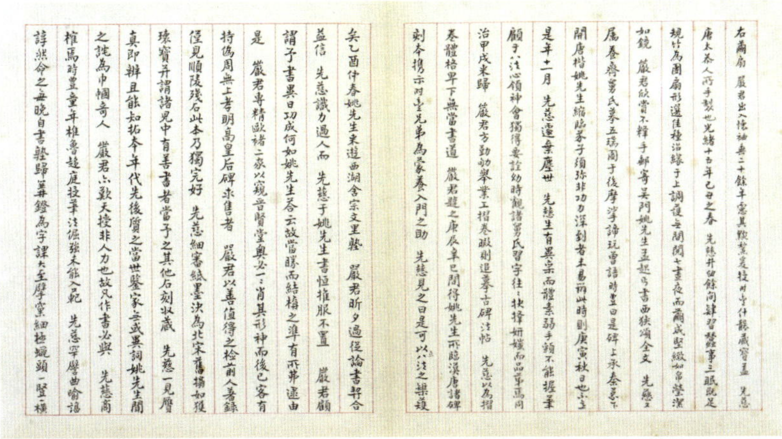

右團扇 嚴君出入懷袖垂二十餘年寵其雅絜爰拔時豐什襲藏寶蓋 先慈
唐太恭人所手製也光緒十五年己丑之春 先慈井臼餘間肄習蠶事三眠既足
規竹為團扇形選佳種沿緣于上調護無間閱七晝夜而繭成堅緻如帛瑩潔
如鏡 嚴君欣賞不釋手郵寄吳門姚先生孟起乞書西狹頌全文 先慈又
屬蠶齋蔣氏摹五瑞圖于後摩挲諦玩嘗語時豐曰是碑上承秦篆下
開唐楷姚先生縮臨蔣子須弥非功力深到者未易臻此時則庚寅秋日也亦之
是年十二月 先慈遽棄塵世 先慈生有異禀而體素弱手顫不能握筆
顧于八法心領神會獨得要詮幼時觀諸蔣氏習字往往抉擇妍媸而品第焉同
治甲戌來歸 嚴君方勤劬舉業工楷卷暇則追摹古碑法帖 先慈以為楷
卷體格卑下無當書道 嚴君韙之庚辰辛巳間得姚先生所臨漢唐諸碑
刻本携示時豐先弟為蒙養入門之助 先慈見之曰是可以入八法之渠筏
矣乙酉仲春姚先生來遊西湖舍宋文里塾 嚴君昕夕過從論書契合
益信 先慈識力過人而 先慈于姚先生書恒推服不置 嚴君顧
謂予書異日功成何如姚先生答云設當勝而結構之準有所弗逮由
是 嚴君專精歐褚二家以觀音贊堂與必一一肖其形神而後已客有
持偽周無上孝明高皇后碑求售者 嚴君以善值得之檢前人著錄
僅見順陵殘石此本乃獨完好 先慈細審紙墨決為北宋舊搨如獲
瓌寶并謂諸兒中有善書者當予之其他石刻收藏 先慈一見贋
真即辨且能知拓本年代先後質之當世鑒家無或異詞姚先生聞
之詫為巾幗奇人 嚴君亦歎天授非人力也故凡作書必與 先慈商
榷焉時豐童年稚魯趨庭授筆法倔強未能入範 先慈罕譬曲喻諄
諄然命之每晚自書整歸篝鐙為字課大至擘窠細極蠅頭一豎一橫

图114-3　高时丰撰写手稿

图114-4　《五瑞图》团扇

图114-5　高时丰篆书

某年春天游歙，在一家古董店得双面泥金书画扇一枚，无扇骨。虽然品相不错，但糨糊年久失黏，遂拆裱成对折式扇片。

一面为金焻作行草。金焻，字守一，长洲人，善书。草书学孙过庭，日本人颇喜之。一面为吴浩画墨梅。吴浩，字拙存，元和人，道士，住北濠东山庙，一说住郡城北濠斗壇。能诗画，性好梅，时携琴吟啸古梅花下。从题跋可知画作于戊午（1858）长夏，乃咸丰八年。

图115-1　墨梅扇面另面金焻行草书

图115-2　吴浩墨梅扇面

图115-3　清代签条（1）

图115-4　清代签条（2）

中国传统制折扇，扇面用三四层至八九层“绵料”黏合而成，而制扇或监制销售的扇行扇庄会用朱砂色印制商标或号名小条置于夹层之中，或称之为“签条”。此一做法，据我的观察，始于清中期，至晚清民国成为惯例。旧时画家特别是海派画家与笺扇庄之间存在一种相互影响和依存的关系。我对此稍加关注，有时也会收集一些清代笺扇行的“签条”。

这件扇面在裱前一层层面料已散开，我窥见其中“签条”颇为完整，遂嘱装裱师傅金君将之挖裱于扇面之侧。裱成后，不但颇为美观，且对后之藏者研究书画作者及扇业沿革都有参考意义。此亦开一扇页装裱之新形式。

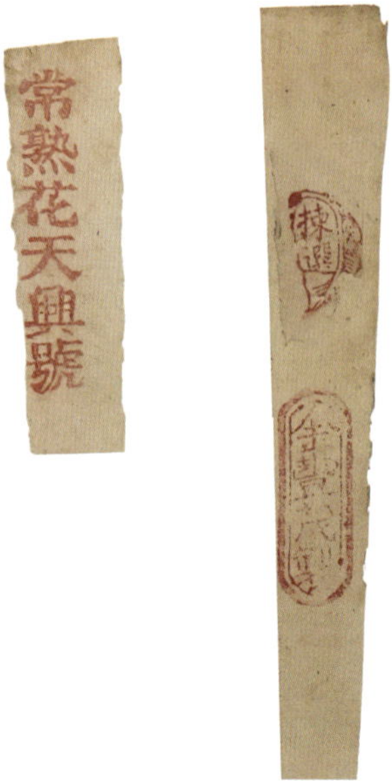

图115-5 清代签条（3）

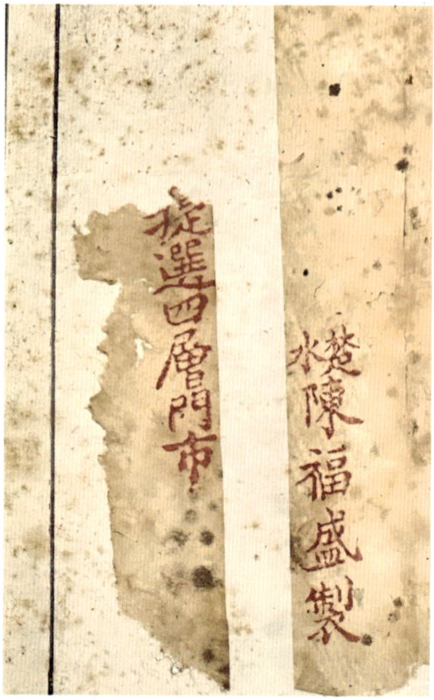

图115-6 清代签条（4）

图115-7 挖裱的签条（1）

图115-8 挖裱的签条（2）

116

聚头容易合欢少

清代或更早的箑头书画，以成扇较少于装裱后的扇面，成扇则团扇更少于折扇。因折扇收放自如，不易损毁。我初涉收藏时知难而退，并不以团扇为目标。已故画家陈逸飞创作旗女系列油画，问我借清代团扇作道具而不能满意，遂劝我也要关注于此，成为我收藏团扇之始。二十余年来，虽放低门槛不苛求名气大小品相优劣，仍所得不多。撰写《纨扇美人》一书时，难免捉襟见肘之感。友人醉白倚轼曾由此赠诗曰：“七月清风扇子寒，还将点染上团纨。聚头容易合欢少，犹觉潮州贮纳难”。

兹录数件小名家或失传画家的团扇，正如所谓“以前朝团扇完好者为得意也”。

其一，沈景浅绛山水。沈景字星祥，上海人，张熊弟子，工山水。作于光绪丙申，即 1896 年。另面黄仁雨金行书。上款藤野先生，应该不是那位鲁迅的老师。

图116-1　沈景山水团扇

其二，刘重光浅绛山水。刘重光字旭初，不知为何许人。画得很好，品相也不错。亦作于1896年。

图116-2　刘重光山水团扇

图116-3　梁栋花卉草虫团扇

其三，梁栋花卉草虫。梁栋字幹卿，生平事迹失传。画得雅淡有生趣。

图116-4　姚鸿花卉草虫团扇

其四，姚鸿花卉草虫走兽。姚鸿字秋渚，生平不可考。但此扇颇可爱。

其五，何维朴山水行书。何维朴（1844—1925）字诗孙，号盘叟，湖南道县人。何绍基孙。山水宗娄东四家，书似其祖父。此扇作于乙卯（1915），已入民国，本不在我入藏范畴。因其为团扇而收之。

其六，沈湘涛山水。沈湘涛不知其生平。此扇名为潮州扇，又名鸭脚扇，乃潮州特产。清代曾作贡品。纸本，其中衬有细竹丝，扇面多拱曲，不易收纳。据说清代亦有用细麻布代纸，上刷白涂料者。严格说潮州扇不算团扇，但断非聚头扇。故兹附此。

图116-5　何维朴山水团扇

图116-6　山水团扇另面何维朴行书

图116-7　沈湘涛山水团扇

117

纨扇美人和海上闺秀

十多年前我曾撰写过《纨扇美人》和《海上闺秀》两本小册子，如图 117-1 所示，关注并收藏过不少女性的箑头书画，但现在几乎散失殆尽了。兹就箧中尚存的三件，谈谈自己对此题材的感想。

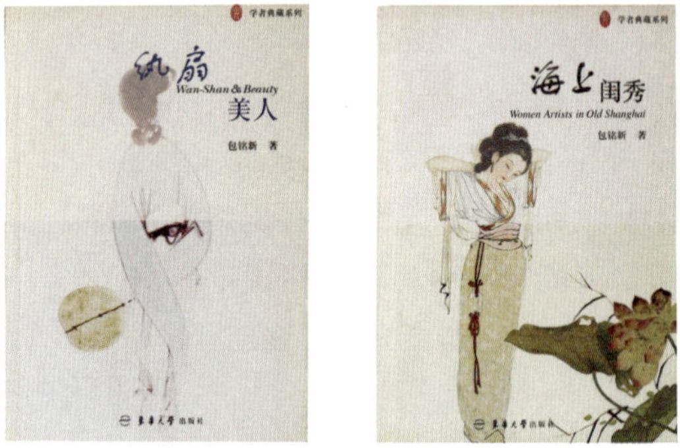

图117-1 《纨扇美人》与《海上闺秀》封面

古代或旧时的女子学习和创作书画，大多数没有太大的野心和实际利益的追求，少应酬、多自娱，她们一般也更多、更适宜作案头小品，所以扇面书画特别是团扇书画成了她们喜欢的选择。

图 117-2 为一柄十分精美的蝴蝶图团扇，一望而知出于女性之手，但与许多男性画家相比并不逊色。遗憾的是，这么优秀的女画家，仍于画史无名。此扇作于丁亥，大概率是 1887 年，当然理论上也可能是道光七年（1827）。

图117-2　佚名蝴蝶团扇

图117-3　馥园女史山水团扇

图117-3的山水团扇绝对已经达到专业水平。作者仅署名馥园女史。我曾入藏她好几柄团扇，一起还有何维朴的三柄团扇，画都是山水。

从这些团扇上的题跋可知她大名汪少颖，是何维朴的外甥女，但仍然找不到有关她其他的生平资料。

图117-4的花卉团扇也画得非常专业。与大多数女画家一样，她不署名而仅落款“武林浣花女史”，由此我们也只能知道她是杭州人。

图117-4　武林浣花女史花卉团扇

粤绣团扇

染织工艺品中有两项可以与书画比肩，那就是缂丝和刺绣。以名家书画为粉本的缂绣，可以与名家书画相提并论，记录明代严嵩父子抄家单子的《天水冰山录》和乾隆的《石渠宝笈》，也是把书画缂绣与名家书画并列的。在艺术品市场上，露香园中的韩媛绣，常有董其昌为之捧场的题跋，其珍罕程度和价格，也要高于董其昌自己的书画作品。所以，书画缂绣团扇也是藏扇者的追求目标，但不易得。

寒舍藏有两柄晚清粤绣团扇。一柄题材为《五伦图》，绣凤凰、仙鹤、鸳鸯、鹡鸰、莺，对应君臣、父子、夫妇、长幼和朋友五种人际关系，即所谓五伦。此是唐代以后出现的吉祥图像题材，很受民间喜爱，也在传统刺绣中常见。此扇配色靓丽沉着，形象生动，针法细腻，疏密有致，乃粤绣中之精品。年份也比较早，在道光前后。

图118-1　粤绣团扇（1）

另一柄花鸟团扇并非典型粤绣，风格有点杂，用色较淡雅，内容也不是很热闹。绣工亦不算很精。此扇购得时附有一张当时的广告，纸本，本色凹凸版印，其文字颇有意思，可供研究粤绣史者参考："思风号诸式雅扇。本号专办外埠各款洋庄扇，顾绣羽毛扇，苏杭雅扇，篷下画扇，零剪画绢。铺在粤省城大新街庙前口门口。"

所谓苏绣、湘绣、粤绣、蜀绣，我以为是清末民初出现的一种商业化倾向明显的通俗名称，并没有严格的定义。其中粤绣受当地审美习俗和对外贸易的影响较大，题材通俗喜庆，风格上融入西方美术元素。其整体艺术趣味和水准，距较早的露香园顾绣和几乎同时期以沈寿为代表的书画绣还是有较大差别，但其精品则庶几近之。此一己之见，并不求他人认同。

图118-2　粤绣团扇（2）

颖拓扇

所谓颖拓，是指用毛笔（颖）画出金石拓片（拓）效果的作品。一提起颖拓，大家首先会想到姚茫父，还有说是姚茫父于民国初年首创的。我曾藏有姚氏颖拓多件，现俱已散失。箧中尚存两柄张海若的颖拓扇，自己认为还拿得出手，足与茫父比肩，现在就晒一下。

图118-3　扇铺广告纸

其一为张海若用朱砂颜料画在杭制黑纸扇上。作一半圆之“万岁”文瓦当和圆形龙纹瓦当，组成吉语“万岁龙”，以贺属龙的其言先生。另面为张朝墉金笔书法。这柄黑纸扇为四十档全棕骨大扇，又名青灰扇，高35公分。扇面乃用质地绵韧的桑皮纸分几次涂柿汁所制，号称雨淋不透、日晒不翘。右上角有金地朱文“杭州裕兴盛选制”商标

（与一般折扇藏商标于扇面内不同，黑纸扇商标贴在扇面上）。黑纸扇一般不算雅扇，此扇经张海若妙手，化大俗为大雅。

其二为张海若于雨金笺两面各以颖拓法作石像。一为北周武帝宇文邕保定元年（561）六月三日李鸾炽造佛像及其使者共三躯，右录其铭文，左书颂偈。另一为第一百四十五大相尊者像，乃清嘉庆四

图118-4　张海若颖拓扇

图118-5　颖拓扇另面张朝墉书法

图118-6　张海若颖拓扇（1）

图118-7　张海若颖拓扇（2）

年（1799）天宁寺供仿净慈寺五百尊者塑像石刻。左录偈右题跋。张海若之隶书极有特色，与颖拓图像相得益彰。此扇气势恢宏，庄严肃穆，允称张海若扇拓之最。即使茫父对此，亦当敛手。

两扇俱作于辛巳（1941），距清季已远。本书本意只收清亡之前作品，但实在不忍割爱，也就不去管他是否有违初衷了。

119

外销扇

清代外销扇以粤产为主，也以广州为主要口岸，“十三行”声名远播。外销扇上的绘画和装饰都高度商业化，一般认为艺术性不高。外销的目的地以欧洲为主。染织史是我的专业，其中，中国风（Chinoiserie）和丝路之绸是我关注的方向，所以手边不知不觉间也留存了不少外销扇，其中大多数是绣扇。兹举数例如下。

云龙扇两把。以云龙为主题的外销绣扇所见最多，或因欧洲人一直视龙为中国的标志性图像。图 119-1 中除了以云中龙为主纹，还辅以海水纹和蝙蝠纹，蝙蝠纹已经抽象化，色彩也变得更容易取悦欧洲人的审美，但总的面貌并不离开中国传统太远。图 119-2 与此相似，只是用了蝴蝶做辅纹有点奇怪，中国图像少见龙 / 蝶组合。

图119-1　云龙外销扇（1）

图119-2　云龙外销扇（2）

图119-3　花鸟外销扇（3）

图119-4　花鸟外销扇（4）

花鸟纹扇七把。图 119-3 一枝横出，有小鸟停于枝头，展翅回首，并辅以竹枝一丛。题材元素和构图都不失规矩，唯色彩欧化。图 119-4 采取的图式为辽金元以来常见的“满池娇”，很典型，只是在色彩处理上趋于欧洲趣味。图 119-5 在淡蓝背景上配浅色绣花是中国刺绣中少见的。图 119-6 的风格比较杂。左侧比较中国化，两鸟一仰一俯似为传统“喜相逢”的变化图式，而一鸟的深茄紫在咸丰至清末很流行。而右面的花束处理很欧化。另外扇骨上的线刻山水是纯粹的中国传统。图 119-7、图 119-8 的图示骨架是中国的，而色彩及细节处理较为欧化。图 119-9 总的感觉是欧式图像，但细小笔触如蝴蝶的触须等还留有中国画的痕迹。

仕女扇五把。图 119-10 除了色彩，其余完全是中国的图式，你感觉几乎能找到其所据粉本。图 119-11 中人物表现基本上还是中国民间绘画的范畴，但两边花树的表现高度西化了。

图119-5　花鸟外销扇（5）

图119-6　花鸟外销扇（6）

图 119-12 与图 119-13 虽然有点类似中国的清供图，但图 119-12 比较符合中国传统，而图 119-13 其实完全是欧洲图式。某些细部如蜜蜂的笔触还是源于中国画。

这些外销扇常常置放于中国风格的扇盒中（图 119—14），但是材料工艺与中国文人扇所用扇盒优劣迥异。

以上所举俱为折扇，因折扇存世较多。事实上外销团扇当时也颇为风行，但团扇不易保存，故现在所见不多。图 119-15 为我从欧洲携归的画绣结合仕女扇，品相尚可，但颇为俗气。

刺绣团扇外销者以粤产为最佳，然粤绣团扇并非专为外销，在国内市场亦极受欢迎，不但进贡于宫廷，官宦文士之家亦多喜使用。详见《粤绣团扇》一节。

此外，外销扇中还有很多其他工艺扇。例如钩针扇（图 119-16）。明代天主教入传以来，教民女眷多以手工钩针生产为家庭副业。钩针团扇亦是其中之一种。另点翠之类的高级手工艺亦有施之于团扇而外销者（图 119-17）。

图119-7　花卉外销扇（7）

图119-8　花卉外销扇（8）

图119-9　花蝶外销扇

图119-10　仕女外销扇（1）

图119-11　仕女外销扇（2）

图119-12　清供图外销扇（1）

图119-13　清供图外销扇（2）

图119-14　外销扇及扇盒

图119-15　画绣仕女团扇

图119-16　钩针团扇

图119-17　点翠花鸟团扇

白马非马。“中国风”（chinoiserie）不是中国风格，至多可称之为“欧洲版的中国风格”（European interpretation of Chinese style）。它以中国的风土人情或相关事物为题材，但呈现的是种种似是而非的和被扭曲的映像，种种幻想和错觉（illusion）。

“中国风”流行于18世纪后期的欧洲，被认为是洛可可艺术的一个分支，涵盖了工艺品、染织服饰和绘画诸多领域。此后“中国风”在西方国家余波不断，至今还会时时“死灰复燃”。于是我们在扇上也能发现“中国风”，我就收藏有两件。

图120-1　描绘中国场景的欧洲版画原稿

其一是一柄1780年左右英国制作的折扇。一面画了几位中国仕女，人物造型和服饰还颇有一点中国风情，但衣服领线那么低，看不到内衣，在中国，这样的袒露在唐宋常见，明清时期已经见不到了。此外花树鸣禽等的表现就与中国相距甚远了。这些正是“中国风”的典型特征。

图120–2　英国制中国风折扇

其二是一柄1840年左右制作的欧洲象牙女扇，描绘的场景是马可·波罗在向贵妇们讲述游历中国的轶事，四周金色的装饰有变形的中国花卉纹样，以及由航船、亭台楼阁和清代服饰人物组成的典型“中国风”图案。

“中国风”推动19世纪欧洲贵妇使用折扇时尚的产生和扩展，这在印象派等绘画作品中有生动的反映。扇上“中国风”对中国外销扇产生了很大的影响。

图120-3　欧洲象牙女扇

图120-4　象牙女扇另面

椎拓扇

扇面上以拓代书画，折扇和团扇上都时有所见，我也都曾入藏过一些。如今仅剩一柄团扇，兹作简略之介绍。

此扇可命名为苏蕙扇，一面为苏蕙所作璇玑图，一面为苏蕙小像。

苏蕙，字若兰，前秦苻坚时人，陈留县令武功苏道质第三女，嫁泰州刺史扶风窦滔为妻。窦滔出镇襄阳，苏蕙不与偕行，而窦携宠姬赵阳台之任。苏蕙思念窦滔，织锦为回文诗，名曰璇玑图，五彩相宣，莹心辉目。其文凡八百四十一字，左右回环，横斜曲直皆成文，可得诗二百余首。蕙发苍头送至襄阳，窦滔览之感甚，因送阳台之关中，而具车盛礼迎苏蕙于汉南，恩好愈洽。传为佳话。

图121-1　苏蕙扇

赵孟頫、管道仲夫妇曾合书璇玑图。咸丰年间某人以单刀背临其书于石上，拓片流传甚广。光绪辛巳（1881）冬，长沙靳菊潭请杨雪年仿其旧书重刻，并另绘苏蕙小像，录唐人序文及各家题跋。刻成后拓片制成团扇。当时所制或不止一柄。

图121-2　苏蕙小像

图121-3　苏蕙扇与扇盒

我此柄当为靳刻初拓，品相尚佳，团扇柄用棕竹，框则以素竹裹以匣锦。不知何时流入日本，日本古董商郑重其事贮之以木盒，盒盖上书“蝉翼折团扇”五字。此拓片乃乌金拓，并非蝉翼拓，而折团扇则更不知所云。二十多年前，此团扇又回流国内，在上海老西门内一家古董铺售卖，标价 8000 元。那时 8000 元也算一大笔钱，书生囊中羞涩，只能望而却步。哪知一年后，此扇在一家小拍上拍，拍品都从无底价（100 元）起拍。看来到场者中就我情有独钟，稍喊了一两口，此扇就落槌属我了。

近年来我收藏的关注点集中在金笺书画扇，因此曾翻阅了些资料，了解一下金笺扇面的种类和称谓。

古人似乎对金扇面的分类不甚在意。明代文震亨《长物志》泛泛称之为“金面”，其卷七中有“素白、金面两种，购求名笔图写”云云。清代王廷鼎《杖扇新录》则以偏概全，不论团扇、折叠扇，凡金扇面概称之为“泥金”，并与“磁青”并举，则“泥金”扇面成为所有金扇面之代称。

沈从文先生自20世纪50年代以来，对工艺美术考古文物颇多论述。其在《金花纸》一文（《文物参考资料》1959年第二期10–12页）中，讨论了与之相关的金花笺、描金花笺、泥金（银）粉蜡笺、泥金（银）画绢等一系列书画材料及其称谓。他的意见是：“（金笺）大致不外三式：一、小片密集纸面如雨雪，通称销金、屑金或雨金，即普通洒金。二、大片分布纸面如雪片，则称大片金，又通称片金，一般也称洒金。三、全部用金的，即称冷金（在丝绸中即称浑金）。其中又分有纹、无纹二种，有布纹、罗纹区别。”此文所说的是金笺，可以包括扇面但并非就一定是扇面，但两者的相关度较高。据我看到的加金折扇，绝大多数并非用金笺、金绢来加工制成扇面，而是在制成的素扇面上加金；团扇则较多用加金绢或其他加金丝织物来制扇，在其上作书绘画也应在此之前。沈先生的说法，反映的应该是苏州制扇业的情况，他在文章中说了一句“苏州工人贡献特别大”，就是这个意思的暗示。也许北京、杭州、广州等地的做法和叫法会有一些差别。

庄申在他的《扇子与中国文化》（1992年，东大图书股份有限公司）一书中则有差异颇大的说法。他在第105至119页中费了相当大的篇幅来讨论扇片所用的“金纸”。首先，他把金纸或金笺分成泥金、冷金和洒金三大类。

其次，对于泥金笺，他概括出3个特征或现象：1. 视觉上全部是金的；2. 成分上是纯金；3. 流行于16世纪后期至17世纪前期，17世纪中期（清初）其使用衰减，19世纪末（清末）又开始流行。他举了10个从16世纪初到17世纪初的例子，有图但并没有说自己检查过实物。认定这些例子是实物或完全依赖出版物的注释。关于流行时间的描述，他做了一定的统计，但明显样本数太小。

他把“黏附若干面积较大的金箔碎屑”的扇面称为冷金扇面，因为“与空中飘荡的雪花”相似，“而有雪的天气，必然是寒冷的”，所以称之为“冷金”。他指出冷金在明代也很普遍，虽然不如泥金，但在清末则更受欢迎。

他认为洒金笺上黏附的金，“不是金箔的碎屑，而是金粉”。它比冷金细密，比泥金淡。洒金不如泥金受欢迎。

最后，他认为在明代，“泥金出现最早，洒金稍次，冷金最晚”。他以上的观点，可以质疑之处甚多。在书的第四章的注四七，他自己指出了他与沈先生的说法完全不同。大致来说，沈先生所指冷金，在庄申处成为泥金；沈之洒金为庄之冷金；而沈之雨金和屑金，即庄之洒金。

近年出版赵羽主编的《怀袖雅物》中，有关金扇的叙述颇多。书中引了《吴县志》以含金比率将苏州“红飞金”分成大赤、佛赤和田赤三种。大赤是黄金本色（高纯度），佛赤掺入少量紫铜，而田赤则是含26%银的金箔。此书由多人合作编写而成，其中包括制扇行业中的行家。因此，关于大赤、佛赤、田赤的信息虽然很重要，但历代书画家和收藏家们都并不了解和使用这三个名词。其基本观点是扇面分两大类，泥金指“视觉上满金之扇面”（这点与庄申观点相似），洒金则指扇面上有或大或小的金片或金屑。此外，洒金和泥金用的是真金箔，冷金用的“汽金箔”不知何物，书中并无说明。由于此书非一人所写，主编亦似缺少统一全书的能力，所以常出现自相矛盾之处。第三十五页又称（由于）“洒金扇面……是由碎金片粘贴上去的，故又称冷金”。

此书另一有意思的信息是从金箔提炼泥金的做法：“要将金箔打得枯彻，要薄和烂，出来的泥金才能细腻，薄如蝉翼。”其实，不论是庄申所说的“洒金笺”所用“金粉”，还是其他相关资料上说的“金泥”，都是用这样的方式把金箔粉碎后加工而成的。

综上所述，对于与金扇面相关的一些重要称谓，并无统一和严格的界定。但撰写有关扇面书画的文字，又离不开这些词汇。我根据自己的收藏经历和见闻，以及从事中国古代染织服饰和工艺美术历史研究的习惯，斟酌再三，在自己的著作中以如下原则使用相关词汇。

泥金扇视觉上为满地无隙的、纯度较高的金扇面。我所见过的泥金扇面由两种方法制成：1. 以整张金箔粘贴于纸本之上的（行业中被认为属于质量较差）；2. 有用类似洒金的方法，以底网孔隙最小的金筒震动洒落于已满涂黏合剂的纸本扇面之上而制成的。

洒金扇纸面上洒落着或大或小、或密或疏金箔碎片的扇面。片较大较疏为片金；片较小较密为雨金（极密者可称密雨金）；片极小又较疏称屑金；片忽大忽小称雨夹雪。扇面用纸则称金纸金笺。如金箔换成了银箔，则词中之金字换成银字即可；如扇面换成丝绸（主要用绢，亦少数用罗、绫等），则词中之纸字、笺字可换成绢字、罗字不等。团扇面用金的情况较为简单，折扇金扇面的情况基本上可以覆盖。

以上种种，可视之为一个认真的扇面书画收藏者必须做的功课。

图122-1　仕女金扇面（1）

图122-2　仕女金扇面（2）

图122-3　仕女金扇面成扇

图122-4　行书金扇成扇

图122-5　楷书金扇成扇

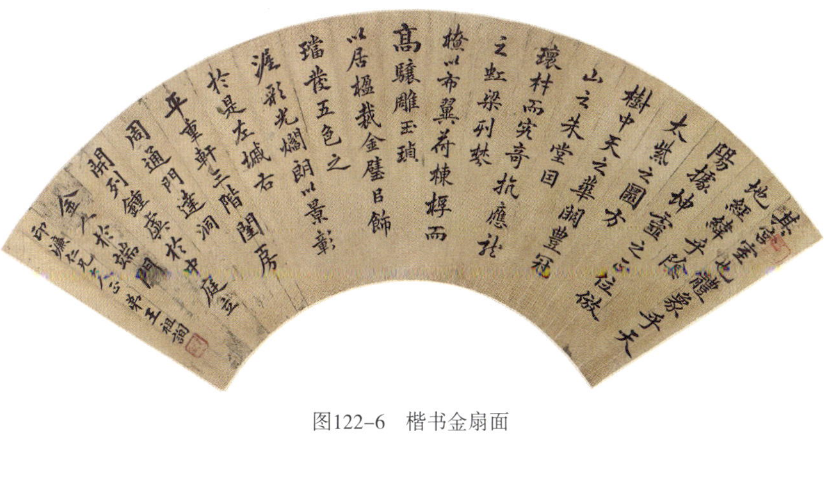

图122-6　楷书金扇面

后记

我在收藏扇子的过程中，陆陆续续写了一些带有研究性质的文章，比较完整的一些长文发表在自己的公众号，不觉已积累了一百多篇，遂有了整理成册的想法。本书主要是2012年大病以后收集古扇的记录。

如今已至随心所欲而不逾矩的年龄，回望多而展望少，愈是久远的事在记忆里愈是清晰。从事扇子收藏差不多已有半个世纪。我从小就喜欢老物件，这种对老物件的真切爱好当是缘于家庭影响。成年后自然而然地致力于收藏更像是家庭基因的延续，更多的是情感投入，而非功利目的，我在自己身上看到的是父辈和祖辈的影子。

外祖父涤凡公对我疼爱有加，对我一生有着极重要影响。外公是纺织专业的工程师，也是很传统的收藏家。他有很多收藏，书画、碑帖、金石篆刻等各门类的古董都会收集。外公会经常更换家中墙上的古代书画，每次更换挂画的时候，我多在边上帮忙。外公会向我讲解书画鉴赏、画家轶事、收藏门道等知识。记得外公说起一位海派画家陆恢（字廉夫）画得很好，书法和所画山水都属上乘，但就是名气小，远不如同时期的任伯年等画家，他的作品售价不高，外公收藏很多他的作品。我一直记得这位陆廉夫，后来也收藏了他的一些扇子。我从小一直伴在外公身边，耳濡目染地对传统文化与艺术产生了浓厚的兴趣。我长大后也从事纺织相关的研究，亦在收藏方面投入了大量精力。

我的祖父从商并从政，新中国成立初期曾任浙江省人民政府副主席，结识当时的很多社会名流，如何香凝、马叙伦等。当时的文化名人多能书会画，常互赠书画作品。祖父有很多收藏，他有著名金石家赵叔儒帮他刻的收藏章。家中至今还有马叙伦为祖父书写的扇子。我很久前在杭州开会，遇到浙江省文物局副局长，他说我祖父曾捐赠了很多文物给国家。

我父亲也喜欢收藏，但他的后半生经济拮据，家里孩子多，我母亲体弱多病，要供养这么多人，从事收藏十分不易。他便收藏那些能买得起的小物件，如书和唱片等。我儿时家住江宁路，往南走几个街区便可到南京西路，离那里不远有个平安电影院。周末，父亲带着孩子们去看电影，看完电影出来走不多远是常德路，那里有旧货摊，父亲会在那里挑些黑胶唱片和旧书。孩子们没耐心，父亲便买些沙琪玛等零食把我们哄住。

我很小的时候收集过各种各样的糖纸，花花绿绿的，用厚书夹住压平。虽然和祖辈们一样喜欢老事物，不过一直等到工作以后有点收入了，我才开始搞收藏。我一开始搞集邮，后来又收集过钱币，当时收集了一整本咸丰时期的钱币，有通宝、重宝、元宝等。那时我还特别喜欢西藏币，很小很薄，打制出来的，很是精致。

我真正的收藏开始于 20 世纪 80 年代初，政府发还了文革时期抄走的外公部分藏品。母亲给了其中的几件给我，其中有一幅道光年间画家汤贻芬的屏条，裱着一把团扇的两面，一面画着梅花，一面是行书，这件屏条至今我还收藏着。

与大多数书画收藏者不同，我几乎一直专注于收藏扇子，偶尔会入手一些书画作品。对扇子的情有独钟最初是形势使然，也即俗话说的随缘吧。家里兄弟姊妹多，我能分配到的面积就小，一个抽屉里放书画是不够的，扇子却能放好几把。关键是扇子虽小乾坤却大，一把扇子上可以囊括书画、金石、诗词、山水、花鸟、虫鱼、装裱等诸多艺术要素，足以满足我对艺术的想象力和渴望。扇子最大的好处是时时可以把玩，时时可以与古人对话，可以近观，还可以扇风纳凉。正如亚里士多德说的："那些每天反复做的事情造就了我们。"我对扇子的喜爱成为习惯和本能。

从二十世纪五六十年代走过来的中国人，大多曾有这么一个情结——相信国营单位，我也一样。最初购买的古董扇大多来自上海朵云轩，这是一家国营单位，藏品丰富且品相好。当时朵云轩的经理孙女士对我颇为照顾，和我非常谈得来。我那时已经在高校当老师，收入不高，孙女士不但经常带我参观他们的藏品，卖给我的扇子价格也很优惠。我收藏的扇子精品大多来自朵云轩，孙女士的这份关怀没齿难忘。我至今和朵云轩保持密切的往来。自从朵云轩有了拍卖会以后，我的一些扇子便从拍卖会上获得了。

另外有一些国营的文物商店，如上海市文物商店、扬州文物商店、常州文物商店，也是我常去的地方，若去北京也会到北京市文物商店看看。我很喜欢扬州和常州的文物商店。常州市文物商店虽然小，商品的品质却是非常好，清代扇面颇多，经理也会带我参观他们的库房。除了国营文物商店，我有不少扇子藏品购自私营古玩店。

我收藏扇子有些自己的原则和偏好。第一，我更喜欢成扇，不太喜好裱好的扇片。这和我的职业有些关系，我一直从事纺织史研究，特别关注研究对象的构成、材料和工艺。成扇由扇面、扇骨、扇钉等构成。扇骨有竹、木、玳瑁、象牙等各种材料；扇骨有各种雕刻，还有镶嵌或拼接装饰；扇面有素、洒金、泥金等，还分不同层数，甚至多至九层扇面；形制还有大股、小骨等，扇骨数量各有不同；扇面边缘裱的不同绫面料对我来说也有不一般的意义。已经装裱的扇片则失去了以上这些信息。我很久以前就在专著中提到扇骨的重要性，中国大陆开始收藏扇骨的风气应源于我的倡导。我所强调的关于扇子材料、形制研究的重要性，影响了不少后来的收藏者。

第二，我一直关注晚清民国以前的扇子，几乎只收藏年份早的，基本不问津当代画家的扇子作品。2012 年，我生了一场大病，生病期间转出了很多藏扇，其中有不少精品。病愈后，检视自己尚存的藏扇，颇灰心。打算重新开始收藏后就有了个方针，尽量只收 1911 年以前的扇子，且偏好成扇。年份要求再加上我对成扇品相要求高，市场中能入眼的扇子就变得很少。1911 年以前的扇子存世很少，国内每年两季拍卖会上平均能有 10 把品相可以的扇子就相当不错了。较多扇子拍卖的案例曾出现在 1994 年台北苏富比拍卖会上，拍出了不少张学良收藏的扇子。1911 年前创作的成扇，我都会考虑收藏，如果已经裱成扇片，我倾向于收藏那些创作年代更早的。本书中的扇子多是清中期以前的。

第三，我收藏扇子时看重的不是画家名气或价格，而是合乎心意。我对扇品的要求可总结为两个字——“雅训”。“雅”是指一种脱离世俗境界，情感上的超然体验。体现在具体扇子上可能有这些特点，如品相干净、精致的雕刻、高超的技法、不俗的书法等。“训”可以理解为典式法则，指符合典范而令人喜悦的感受，技法纯正，既传统又不乏新意，不需通过哗众取宠的方式而获得关注。因扇子多在手上把玩过，折扇反复打开，容易污损，获得好品相的成扇极不易。扇子在把玩过程中，距离眼睛较近，画面用笔宜细腻，不宜过分粗放，色彩宜协调温和，不宜过分艳俗。画扇对画家的技法和修养有很高要求，所谓方寸之内见乾坤，构图、色彩、用笔、境界丝毫不得马虎。称得上“雅训”二字的扇子，颇为难能。

我的职业赋予我爱做考据的职业病，凡经手的扇子几乎都要做考证，会尽力收集每把扇子或扇面相关的资料，如画家背景经历、扇子出处、材质、雕刻、装裱等，包括从文化史到物质史的各方面，常以找到某位冷僻画家的一点资料而开心不已，让已被遗忘的画家不至于淹没在时间之河中。但也常常以无法考证到某位画家而遗憾，看着他的作品而去想象他或她是什么样的人，过着怎样的生活。本书就有不少这样的遗憾，特别是才情横溢的女画家们，若不是眼前的美丽扇子，似乎她们从来没来过，甚至连名字都没留下。

时间快如白驹过隙，2012 年大病至今倏忽十多年，得我老妻扶持，身体康复，心情平和，依然可以专注于自己喜欢的事情。得到同仁道友鼎力支持、门下弟子相助，本书得以付梓，感谢所有人的真诚付出。

2025 年 7 月于沪上